者云何口說无有我耶云何自疑有耶无耶
善男子汝意若謂離眼有見是義不然何以
故若離眼已別有見者何須此眼乃至身根
亦復如是汝意若謂我雖能見要曰眼見是
亦不然何以故如有人言須曼那華能燒大
村云何能燒曰火能燒汝立我見亦復如是
先尼言瞿曇如人執鎌則能刈草我曰五根
見聞至觸亦復如是善男子鎌人各異是故
執鎌能有所作離根之人外更无別我云何
說言我曰諸根能有所作善男子汝意若謂
執鎌能刈我亦如是我有手耶為无手耶若
有手者何不自執若无手者云何說言我是
作者善男子能刈草者即是鎌也非我非人
若我人能何故曰鎌善男子人有二業一則

若我人能何故囙鎌善男子人有二業一則
執草二則執鎌是鎌唯有能斷之功衆生見
法亦復如是眼能見色從和合生若從囙缘
和合見者智人云何說言有我善男子汝意
若謂身作我受是義不然何以故世間不見
天得作業佛得受果若言不是身作我非囙
受汝等何故從於囙缘求解脫耶汝先是身非
囙缘生得解脫已亦應非囙而更生身如身
一切煩惱亦應如是先叅言瞿曇我有二種
一者有知二者无知无知之我能得於身有
知之我能捨離身猶如坏瓶既被燒已失於
本色更不復生智者煩惱亦復如是既殘壞
已終不更生佛言善男子所言知者智能知
耶我能知子若智能知何故說言我是知也

若我知者何故方便更求於汝意若謂我
因智知因同華翁壞善男子譬如樹性自能
判不得說言樹執判判智亦如是智自能知云
何說言我執智知善男子如汝法中我得
解脫无知我得智我得耶若无知得當知猶
故具足煩惱若知得者當知已有五情諸根
何以故離根之外別更无知若具諸根云何
復名得解脫耶若言是我其性清淨離於五
根云何說言遍五道有以何因緣為解脫故
脩諸善法善男子譬如有人挍虛空判汝亦
如是我若清淨云何復言斷諸煩惱汝意若
謂從不因緣獲得解脫一切畜生何故不得
先尼言瞿曇若无我者誰能憶念
佛告先尼若有我者何緣復忘善男子若念

佛告先尼若有我者何緣復忘善男子若念
是我者何因緣故念於惡念念所不念不念
所念先尼復言瞿曇若无我者誰見誰聞佛
言善男子內有六入外有六塵內外和合生
六種識是六種識因緣得名善男子譬如一
火因木得故名為木火因草得故名為草火
因糠得故名為糠火因牛糞得名牛糞火衆
生意識亦復如是因眼因色因明因欲名為眼
識善男子如是眼識不在眼中乃至欲中
四事和合故生是識乃至意識亦復如是若
是因緣和合故生智者不應說見即是我乃
至聞即是我善男子是故我說眼識乃至意
識一切諸法即是幻也云何如幻本无今有
已有還无善男子譬如穬麵蜜薑胡椒蓽鉢

蒲胡桃安石留緩子如是和合名歡喜丸離
是和合无歡喜丸内外六入是名衆生我人
士夫離内外入无別衆生我人士夫先尼言瞿
曇若无我者云何說言我見我聞我苦我樂
我憂我喜佛言善男子若言我見我聞名有
我者何因緣故世閒復言汝所作罪非我見
聞善男子譬如四兵和合名軍如是四兵不名
爲一而亦說言我軍勇健我軍勝彼是内
外入和合所作亦復如是雖不是一亦得說
言我作我受我見我聞我苦我樂先尼言瞿
曇如汝所言内外和合誰出聲言我作我受
佛言先尼從愛无明因緣生業從業生有從
有出生无量心數心生覺觀覺觀動風風隨
心觸喉舌齒脣衆生想倒聲出說言我作我
受我見我聞善男子如幢頭鈴風因緣故便

心軍唯舌齒脣衆生想倒聲出説言我作我
受我見我聞善男子如幢頭鈴風因緣故使
出音聲風大聲大風小聲小无有作者善男
子辟如熱鐵投之水中出種種聲是中真實
无有作者善男子凡夫不能思惟分别如是
事故説言有我及有我所我作我受先尼言
如瞿曇説无我我所何緣復説常樂我淨佛
言善男子我亦不説内外六入及六意識常
樂我淨我乃宣説滅内外入所生六識名之
爲常以是常故名之爲我有常我故名之爲
樂常我樂故名之爲淨善男子衆生厭苦斷
是苦因自在遠離是名爲我以是因緣我今
宣説常樂我淨先尼言世尊唯願大慈爲我
宣説我當云何獲得如是常樂我淨佛言善

男子一切世間從本已來具足大憍能增長
憍亦復如造作憍因憍業是故今者受憍果
報不能遠離一切煩惱得常樂我淨若諸衆生
欲得遠離一切煩惱先當離憍先尼言世尊如
是如是誠如聖教我有先憍因憍因緣故稱
如來祢瞿曇性我今已離如是大憍是故誠
心啓請求法云何當得常樂我淨佛言善男子
諦聽諦聽今當爲汝分別解說善男子　若
能非自非他非衆生者遠離是法先尼言世
尊我已知解得正法眼佛言善男子汝云何
言知已解已得正法眼世尊所言色者非自
非他非諸衆生乃至識亦復如是我如是觀
得正法眼世尊我今甚樂出家脩道願見聽
許佛言善來比丘即時具足清淨梵行證阿

許佛言善來比丘即時具足清淨梵行證阿
羅漢果外道衆中復有梵志姓迦葉氏復作
是言瞿曇身即是命身異命異如來嘿然第
二第三亦復如是梵志復言瞿曇若人捨身
未得後身於其中間豈可不名身異命異若
是異者瞿曇何故嘿然不荅善男子我說身
命皆從因緣非不因緣如身命一切法亦如
是梵志復言瞿曇我見世間有法不從因緣
佛言梵志汝云何見世間有法不從因緣梵志
言我見大火焚燒榛木風吹絕炎墮在餘處
是豈不名无因緣耶佛言善男子我說是炎
亦從因生非不從因梵志言瞿曇絕炎去時
不因薪炭云何而言因於因緣
佛言善男子雖无薪炭因風而去風因緣故

其炎不滅瞿曇若人捨身未得後身中間壽
命誰爲因緣佛言梵志无明與愛而爲因緣
是无明愛二因緣故壽命得住善男子有因
緣故身即是命命即是身有因緣故身異命
異智者不應一向而說身異命異梵志言世
尊唯願爲我分別解說令我了了得知因果
佛言梵志因即五陰果即五陰善男子若有
衆生不然火者是則无烟梵志言世尊我已
知已我已解已佛言善男子汝云何知汝云
何解世尊火即煩惱能於地獄餓鬼畜生人
天燒然烟者即是煩惱果報无常不淨臭穢
可惡是故名烟若有衆生不作煩惱是人則
无煩惱果報是故如来說不然火則无有烟
世尊我[illegible]

无煩惱果報是故如来說不然火則无有炟
世尊我已正見唯願慈矜聽我出家尒時世
尊告憍陳如聽是梵志出家受戒時憍陳
如受佛勑已和合衆僧聽其出家受具足戒經
五日已得阿羅漢果外道衆中復有梵志名
日富那復作是言瞿曇汝見世間是常法已
說言常耶如是義者實耶虛耶常无常亦常
无常非常非无常有邊无邊亦有邊无邊非
有邊非无邊是身是命身異命異如来滅後
如去不如去亦如去不如去非如去非不如去
佛言富那我不說世間常虛實无常亦常无
常非常非无常有邊无邊亦有邊无邊非有
邊非无邊是身是命身異命異如来滅後如

去不如去亦如去不如去非如去非不如去
富那復言瞿曇今者見何罪過不作是說佛
言富那若有人說世間是常唯此為實餘妄
語者是名為見見所見處是名見行是名見
業是名見著是名見縛是名見苦是名見取
是名見怖是名見熱是名見纏富那凡夫之
人為見所纏不能遠離生老病死迴流六趣
受无量苦乃至非如去非不如去亦復如是
富那我見是見有如是過是故不著不為人
說瞿曇若見如是罪過不著不說瞿曇今者
何見何著何所宣說佛言善男子夫見著者
名生死法如来已離生死法故是故不著善
男子如来名為能見能說不名為著瞿曇云
何能見云何能說佛言善男子我能明見苦

何能見云何能說佛言善男子我能明見若
集滅道分別宣說如是四諦我見如是故能
遠離一切見一切愛一切流一切慢是故我
具清淨梵行无上寂靜獲得常身是身亦非
東西南北富那言瞿曇何因緣故常身非是
東西南北佛言善男子我今問汝隨汝意答
於意云何善男子如於汝前燃大火聚當其
燃時汝知燃不如是瞿曇是火滅時汝知滅
不如是瞿曇富那若有人問汝前火聚燃從
何來滅何所至當云何答瞿曇若有問者我
當答言是火生時賴於衆緣本緣已盡新緣
來至是火則滅若復有問是火滅已至何方
面復云何答瞿曇我當答言緣盡故滅不至

方所善男子如來亦爾若有无常色乃至无
常識因愛故燃燃者即受廿五有是故燃時
可說是火東西南北現在愛滅廿五有果報
不燃以不燃故不可說有東西南北善男子
如來已滅无常之色至无常識是故身常身
若是常不得說有東西南北留那言請說一
喻唯願聽採佛言善哉善哉隨意說之世尊
如大村外有婆羅林中有一樹先林而生足
一百年是時林主灌之以水隨時脩治其樹
陳朽皮膚枝葉悉皆墮落唯真實在如來亦
尒所有陳故悉以除盡唯有一切真實法在
世尊我今甚樂出家脩道佛言善來比丘說
是語已即時出家漏盡證得阿羅漢果復有
梵志名淨作如是言瞿曇一切衆生不知何

梵志名淨作如是言瞿曇一切衆生不知何
法見世間常无常亦常无常非有常非无常
乃至非如去非不如去佛言善男子不知色
故乃至不知識故見世間常乃至非如去非
不如去梵志言瞿曇衆生知何法故不見世
間常乃至非如去非不如去佛言善男子知
色故乃至知識故不見世間常乃至非如去
非不如去梵志言世尊唯願爲我分別解說
世間常无常佛言善男子若人捨故不造新業
是人能知常与无常梵志言世尊我已知解
佛言善男子汝云何見汝云何知世尊故名
无明与愛新名取有若人遠離是无明愛
不作取有是人真實知常无常我今已得正

法淨眼歸依三寶唯願如來聽我出家佛告
憍陳如聽是梵志出家受戒時憍陳如受佛
勑已將至僧中爲作羯磨令得出家十五日
後諸漏永盡得阿羅漢果犢子梵志復作是
言瞿曇我今欲問能見聽不如來嘿然第二
第三亦復如是犢子復言瞿曇我久与汝共
爲親友汝之与我義无有二我欲諮問何故
嘿然尒時世尊作是言思惟如是梵志其性
儒雅純善質直常爲知故而来諮問不爲惱
亂彼若問者當隨意荅佛言犢子善哉善哉
隨所疑問吾當荅之犢子言瞿曇世有善耶如
是梵志有不善耶如是梵志瞿曇願爲我說
令我得知善不善法佛言善男子我能分別
廣說其義今當爲汝簡略說之善男子欲名

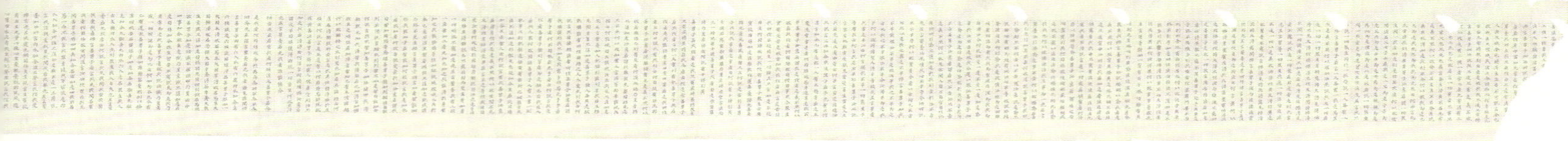

廣說其義今當爲汝簡略說之善男子欲名
不善解脫欲者名之爲善瞋恚愚癡亦復如
是欲名不善不欲名善乃至耶見亦復如是
善男子我今爲汝已說三種善不善法及說
十種善不善法若我弟子能作如是分別三
種善不善法乃至十種善不善法當知是人
能盡貪欲瞋恚愚癡一切諸漏斷一切有梵
志言瞿曇是佛中法頗有一比丘能盡如是
貪欲瞋癡一切諸漏一切有不佛言善男子
是佛法中非一二三乃至五百乃有无量諸
比丘等能盡如是貪欲恚癡一切諸漏一切
諸有瞿曇置一比丘是佛法中頗有一比丘
尼能盡如是貪欲瞋癡一切諸漏一切有不
佛言善男子是佛法中非一二三乃至五百

乃有无量諸比丘尼能斷如是貪欲瞋癡一
切諸漏一切諸有憒子言瞿曇置一比丘一
比丘尼是佛法中頗有一優婆塞持戒精懃
梵行清淨度疑彼岸斷疑因不佛言善男子
我佛法中非一二三乃至五百乃有无量諸
優婆塞持戒精懃梵行清淨斷五下結得阿
那含度疑彼岸斷於疑因憒子言瞿曇置一
比丘一比丘尼一優婆塞是佛法中頗有一
優婆夷持戒精懃梵行清淨度疑彼岸斷疑
因不佛言善男子我佛法中非一二三乃至
五百乃有无量諸優婆夷持戒精懃梵行清
淨斷五下結得阿那含度疑彼岸斷於疑因
憒子言瞿曇置一比丘一比丘尼盡一切漏
一優婆塞一優婆夷持戒精懃梵行清淨斷

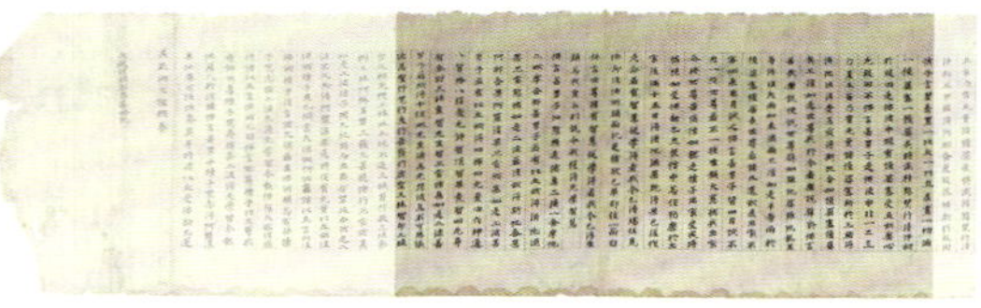

幘子言瞿曇置一比丘一比丘足盡一切漏
一優婆塞一優婆夷持戒精懃梵行清淨斷
於疑因是佛法中頗有優婆塞受五欲樂心
无疑冈不佛言善男子是佛法中非一二三
乃至五百乃有无量諸優婆塞斷於三結得
須陁洹薄貪恚癡得斯陁含如優婆塞優婆
夷亦復如是世尊我於今者樂說辟喻佛言
善哉樂說便說世尊辟如難陁婆難陁龍王
等降注大雨如來法雨亦復如是平等雨於
優婆塞優婆夷世尊若諸外道欲來出家不
審如來幾月試之佛言善男子皆四月試不
必一種世尊若不一種唯願大慈聽我出家
尒時世尊告憍陳如聽是幘子出家受戒時
憍陳如受佛勑已立衆僧中爲作羯磨令出

家後滿十五日得須陁洹果既得果已復作
是念若有智慧從學得者我今已得堪任見
佛即往佛所頭面礼足脩敬已畢却住一面白
佛言世尊諸有智慧從學得者我今已得唯
願為我重分別說令我獲得无學智慧
佛言善男子汝懃精進脩集二法一舍摩他
二毗摩舍那善男子若有比丘欲得須陁洹
果亦當懃脩如是二法若復欲得斯陁含果
阿那含果阿羅漢果亦當脩集如是二法善
男子若有比丘欲得四禪四无量心六神通
八背捨八勝處无諍智頂智畢竟智四无㝵
智金剛三昧盡智无生智亦當脩集如是二法善
男子若欲得十住地无生法忍无想法忍不可思議
法忍聖行梵行天行菩薩行虛空三昧智印三昧

法忍聖行梵行天行菩薩行虛空三昧智印三昧
空无相无作三昧地三昧不退三昧首楞嚴三昧金
對三昧阿耨多羅三藐三菩提佛行忍當脩集
如是二法犢子聞已礼拜而出在娑羅林中脩是二
法不久即得阿羅漢果是時復有无量比丘欲往
佛所犢子見已問言大德欲何所至諸比丘言欲往
佛所犢子復言諸大德若至佛所願爲宣啓犢
子梵志脩二法已得无學智今報佛恩入般涅槃
時諸比丘至佛所已白佛言世尊犢子比丘寄我
等語世尊犢子梵志脩集二法得无學智今報
佛恩入於涅槃佛言善男子犢子梵志得阿羅漢
果汝等可往供養其身時諸比丘受佛勅已還
其屍所大設供養

大般涅槃經卷苐卅九

BD01050

妙法蓮華經卷四

（後秦）鳩摩羅什 譯

321.7cm × 25.5cm

上饌衆甘美　及種種衣服　供養是佛子　冀得須臾聞
若能於後世　受持是經者　我遣在人中　行於如来事
若於一劫中　常懐不善心　作色而罵佛　獲无量重罪
其有讀誦持　是法華經者　須臾加悪言　其罪復過彼
有人求佛道　而於一劫中　合掌在我前　以无數偈讃
由是讃佛故　得无量功徳　歎美持經者　其福復過彼
於十八億劫　以冣妙色聲　及與香味觸　供養持經者
如是供養已　若得須臾聞　則應自欣慶　我今獲大利
藥王今告汝　我所說諸經　而於此經中　法華冣第一
尒時佛復告藥王菩薩摩訶薩我所說經典
无量千億已說今說當說而於其中此法華
經冣為難信難解藥王此經是諸佛祕要之
藏不可分布妄授與人諸佛世尊之所守護
從昔已来未曽顯說而此經者如来現在猶

多怨嫉況滅度後藥王當知如來滅後其能
書持讀誦供養為他人說者如來則為以衣
覆之又為他方現在諸佛之所護念是人有
大信力及志願力諸善根力當知是人與如
來共宿則為如來手摩其頭藥王在在處處
若說若讀若誦若書若經卷所住處皆應起
七寶塔極令高廣嚴飾不須復安舍利所以
者何此中已有如來全身此塔應以一切華
香瓔珞繒蓋幢幡伎樂歌頌供養恭敬尊重
讚歎若有人得見此塔礼拜供養當知是等
皆近阿耨多羅三藐三菩提藥王多有人在
家出家行菩薩道若不能得見聞讀誦書持
供養是法華經者當知是人未善行菩薩道
若有得聞是經典者乃能善行菩薩之道其
有衆生求佛道者若見若聞是法華經聞已

BD01050　妙法蓮華經卷四

有衆生求佛道者若見若聞是法華經聞已
信解受持者當知是人得近阿耨多羅三藐
三菩提 藥王譬如有人渴乏須水於彼高原
穿鑿求之猶見乾土知水尚遠施功不已轉
見濕土遂漸至泥其心決定知水必近菩薩
亦復如是若未聞未解未能修習是法華經
當知是人去阿耨多羅三藐三菩提尚遠若
得聞解思惟修習必知得近阿耨多羅三藐
三菩提所以者何一切菩薩阿耨多羅三藐
三菩提皆屬此經此經開方便門示真實相
是法華經藏深固幽遠无人能到今佛教化
成就菩薩而為開示藥王若有菩薩聞是法
華經驚疑怖畏當知是為新發意菩薩聲聞
人聞是經驚疑怖畏當知是為增上慢者藥
王若有善男子善女人如來滅後欲為四衆

說是法華經者云何應說是善男子善女
人入如來室著如來衣坐如來座尒乃應為
四衆廣說斯經如來室者一切衆生中大慈
悲心是如來衣者柔和忍辱心是如來座者
一切法空是安住是中然後以不懈怠心為
諸菩薩及四衆廣說是法華經藥王我於餘
國遣化人為其集聽法衆亦遣化比丘比丘
尼優婆塞優婆夷聽其說法是諸化人聞法
信受隨順不逆若說法者在空閑處我時廣
遣天龍鬼神乹闥婆阿脩羅等聽其說法我
雖在異國時時令說法者得見我身若於此
經忘失句逗我還為說令得具足尒時世尊
欲重宣此義而說偈言
欲捨諸懈怠　應當聽此經　是經難得聞　信受者亦難
如人渴須水　穿鑿於高原　猶見乾燥土　知去水尚遠

如人渴須水　穿鑿於高原　猶見乾燥土　知去水尚遠
漸見濕土泥　決定知近水　藥王汝當知　如是諸人等
不聞法華經　去佛智甚遠　若聞是深經　決了聲聞法
是諸經之王　聞已諦思惟　當知此人等　近於佛智慧
若人說此經　應入如來室　著於如來衣　而坐如來座
處衆无所畏　廣為分別說　大慈悲為室　柔和忍辱衣
諸法空為座　處此為說法　若說此經時　有人惡口罵
加刀杖瓦石　念佛故應忍　我千万億土　現淨堅固身
於无量億劫　為衆生說法　若我滅度後　能說此經者
我遣化四衆　比丘比丘尼　及清信士女　供養於法師
引導諸衆生　集之令聽法　若人欲加惡　刀杖及瓦石
則遣變化人　為之作衛護　若說法之人　獨在空閑處
寂漠无人聲　誦讀此經典　我尒時為現　清淨光明身
若忘失章句　為說令通利　若人具是德　或為四衆說
空處誦讀經　皆得見我身　若人在空閑　我遣天龍王

夜叉鬼神等　為作聽法衆　是人樂說法　分別无罣礙
諸佛護念故　能令大衆喜　若親近法師　速得菩薩道
隨順是師學　得見恒沙佛
妙法蓮華經見寶塔品第十一
尒時佛前有七寶塔高五百由旬縱廣二百
五十由旬從地踊出住在空中種種寶物而
莊校之五千欄楯龕室千万无數幢幡以為
嚴飾垂寶瓔珞寶鈴万億而懸其上四面皆
出多摩羅跋栴檀之香充遍世界其諸幡蓋
以金銀琉璃車𤦲馬瑙真珠玫瑰七寶合成
高至四天王宮三十三天雨天曼陁羅華供
養寶塔餘諸天龍夜叉乹闥婆阿脩羅迦樓
羅緊那羅摩睺羅伽人非人等千万億衆以
一切華香瓔珞幡蓋伎樂供養寶塔恭敬尊
重讚歎尒時寶塔中出大音聲歎言善哉善

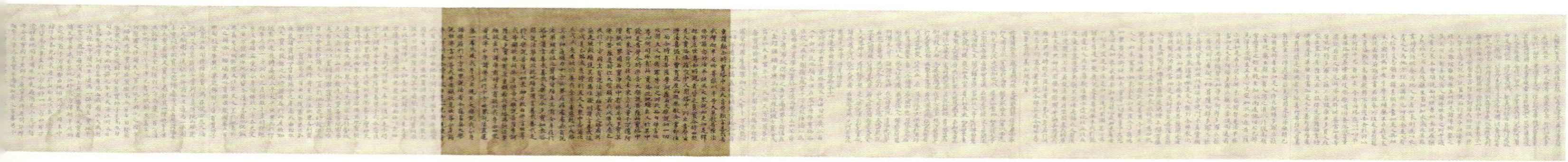

重讚歎尒時寶塔中出大音聲歎言善哉善
哉釋迦牟尼世尊能以平等大慧教菩薩法
佛所護念妙法華經為大衆說如是如是釋
迦牟尼世尊如所說者皆是真實尒時四衆
見大寶塔住在空中又聞塔中所出音聲皆
得法喜怪未曾有從座而起恭敬合掌却住
一面尒時有菩薩摩訶薩名大樂說知一切
世間天人阿脩羅等心之所疑而白佛言世
尊以何因緣有此寶塔從地踊出又於其中
發是音聲尒時佛告大樂說菩薩此寶塔中
有如來全身乃往過去東方无量千万億阿
僧祇世界國名寶淨彼中有佛号曰多寶其
佛行菩薩道時作大誓願若我成佛滅度之
後於十方國土有說法華經處我之塔廟為
聽是經故踊現其前為作證明讚言善哉彼

（7–4）

佛成道已臨滅度時於天人大衆中告諸比
丘我滅度後欲供養我全身者應起一大塔
其佛神通願力十方世界在在處處若有說
法華經者彼之寶塔皆踊出其前全身在於
塔中讚言善哉善哉大樂說今多寶如來塔
聞說法華經故從地踊出讚言善哉善哉是
時大樂說菩薩以如來神力故白佛言世尊
我等願欲見此佛身佛告大樂說菩薩摩訶
薩是多寶佛有深重願若我寶塔為聽法華
經故出於諸佛前時其有欲以我身示四衆
者彼佛分身諸佛在於十方世界說法盡還
集一處然後我身乃出現耳大樂說我分身
諸佛在於十方世界說法者今應當集大樂
說白佛言世尊我等亦願欲見世尊分身諸
佛禮拜供養爾時佛放白毫一光即見東方

說白佛言世尊我等亦願欲見世尊分身諸
佛礼拜供養尒時佛放白毫一光即見東方
五百万億那由他恒河沙等國土諸佛彼諸
國土皆以頗梨為地寶樹寶衣以為莊嚴无
數千万億菩薩充滿其中遍張寶幔寶網羅
上彼國諸佛以大妙音而說諸法及見无量
万億菩薩遍滿諸國為衆說法南西北方四
維上下白毫相光所照之處亦復如是尒時
十方諸佛各告衆菩薩言善男子我今應往
娑婆世界釋迦牟尼佛所并供養多寶如来
寶塔時娑婆世界即變清淨瑠璃為地寶樹
莊嚴黃金為繩以界八道无諸聚落村營城
邑大海江河山川林藪燒大寶香曼陁羅華
遍布其地以寶網幔羅覆其上懸諸寶鈴唯
留此會衆移諸天人置於他土是時諸佛各

將一大菩薩以為侍者至娑婆世界各到寶
樹下一一寶樹高五百由旬枝葉華果次第
莊嚴諸寶樹下皆有師子之座高五由旬亦
以大寶而校飾之尒時諸佛各於此座結跏
趺坐如是展轉遍滿三千大千世界而於釋
迦牟尼佛一方所分之身猶故未盡時釋迦
牟尼佛欲容受所分身諸佛故八方各更變
二百万億那由他國皆令清淨无有地獄餓
鬼畜生及阿脩羅又移諸天人置於他土所
化之國亦以瑠璃為地寶樹莊嚴樹高五百
由旬枝葉華果次第嚴飾樹下皆有寶師子
座高五由旬種種諸寶以為莊校亦无大海
江河及目真隣陁山摩訶目真隣陁山鐵圍
山大鐵圍山須弥山等諸山王通為一佛國
土寶地平正寶交露幔遍覆其上懸諸幡蓋

主寶地平正寶交露幔遍覆其上懸諸幡蓋
燒大寶香諸天寶華遍布其地釋迦牟尼佛
為諸佛當来坐故復於八方各變二百万億
那由他國皆令清淨无有地獄餓鬼畜生及
阿脩羅又移諸天人置於他土所化之國亦
以瑠璃為地寶樹莊嚴樹高五百由旬枝葉
華果次第莊嚴樹下皆有寶師子座高五由
旬亦以大寶而校飾之亦无大海江河及目
真隣陁山摩訶目真隣陁山鐵圍山大鐵圍
山須弥山等諸山王通為一佛國土寶地平
正寶交露幔遍覆其上懸諸幡蓋燒大寶香
諸天寶華遍布其地尒時東方釋迦牟尼所
分之身百千万億那由他恒河沙等國土中
諸佛各各說法来集於此如是次第十方諸
佛皆悉来集坐於八方尒時一一方四百万

億那由他國土諸佛如来遍滿其中是時諸
佛各在寶樹下坐師子座皆遣侍者問訊釋
迦牟尼佛各賫寶華滿掬而告之言善男子
汝往詣耆闍崛山釋迦牟尼佛所如我辭曰
少病少惱氣力安樂及菩薩聲聞衆悉安隱
不以此寶華散佛供養而作是言彼某甲佛
與欲開此寶塔諸佛遣使亦復如是尒時釋
迦牟尼佛見所分身諸佛悉已來集各各坐
於師子之座皆聞諸佛與欲同開寶塔即從
座起住虛空中一切四衆起立合掌一心觀佛
於是釋迦牟尼佛以右指開七寶塔戶出大
音聲如却關鑰開大城門即時一切衆會皆
見多寶如来於寶塔中坐師子座全身不散
如入禪定又聞其言善哉善哉釋迦牟尼佛
快説是法華經我為聽是經故而来至此尒

快說是法華經我為聽是經故而來至此尒
時四衆等見過去无量千万億劫滅度佛說
如是言歎未曾有以天寶華聚散多寶佛及
釋迦牟尼佛上尒時多寶佛於寶塔中分半
座與釋迦牟尼佛而作是言釋迦牟尼佛可
就此座即時釋迦牟尼佛入其塔中坐其半
座結跏趺坐尒時大衆見二如來在七寶塔
中師子座上結跏趺坐各作是念佛座高遠
唯願如來以神通力令我等輩俱處虛空即
時釋迦牟尼佛以神通力接諸大衆皆在虛
空以大音聲普告四衆誰能於此娑婆國土
廣說妙法華經今正是時如來不久當入涅
槃佛欲以此妙法華經付囑有在尒時世尊
欲重宣此義而說偈言
聖主世尊　雖久滅度　在寶塔中　尚為法來

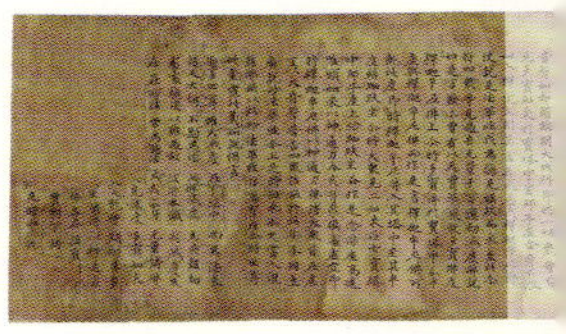

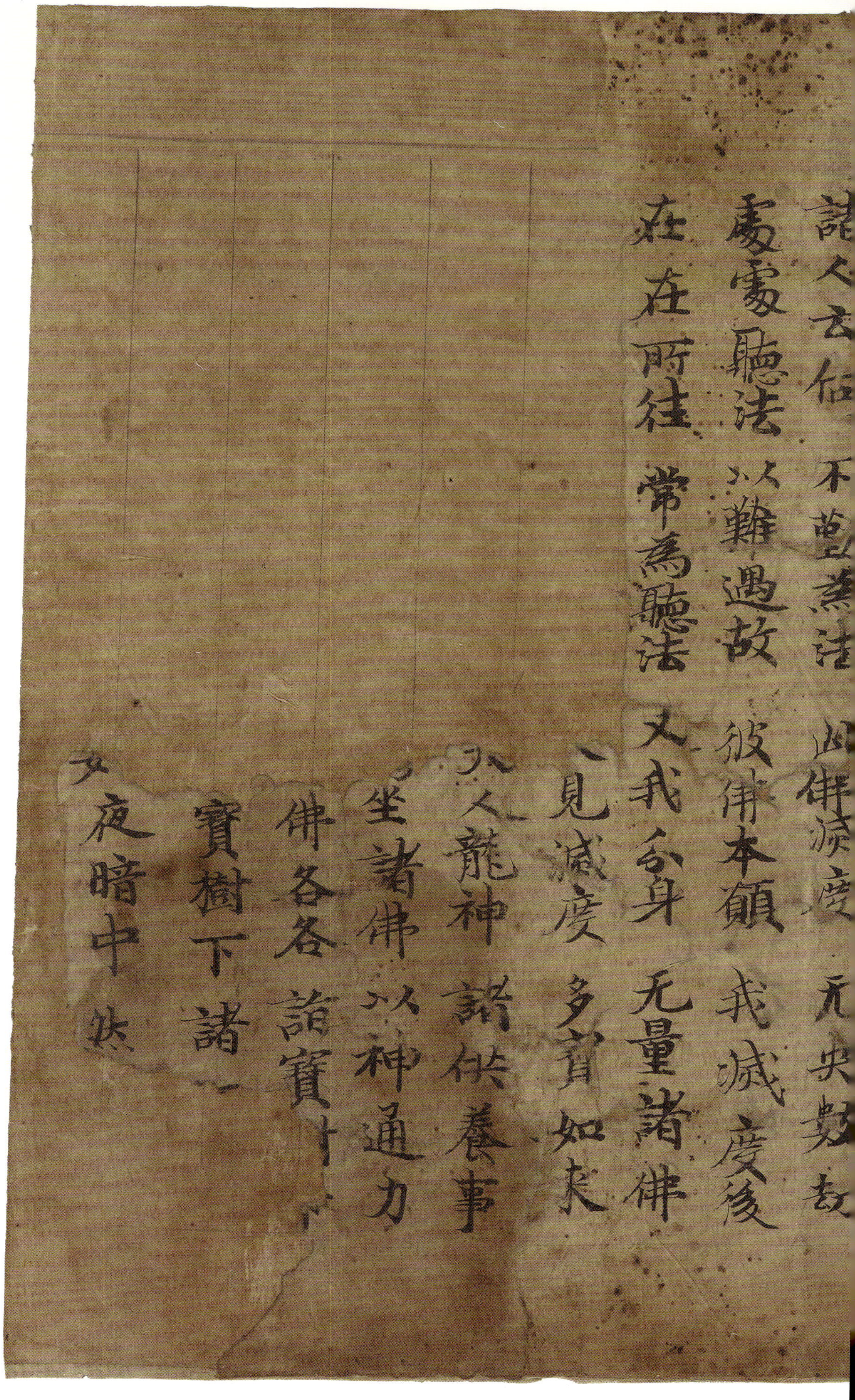

諸人云何 不勤為法 此佛滅度 无央數劫
處處聽法 以難遇故 彼佛本願 我滅度後
在在所往 常為聽法 又我分身 无量諸佛
見滅度 多寶如來
人龍神 諸供養事
坐諸佛 以神通力
佛各各 詣寶
寶樹下 諸
夜暗中 然

BD01051 金剛般若波羅蜜經

（後秦）鳩摩羅什　譯

420.6cm × 27.5cm

三菩提法皆
即非佛法
須菩提於意云何須陀洹能作是念我得須
陀洹果不須菩提言不也世尊何以故須陀
洹名為入流而無所入不入色聲香味觸法
是名須陀洹須菩提於意云何斯陀含能作
是念我得斯陀含果不須菩提言不也世尊
何以故斯陀含名一往来而實無往来是名
斯陀含須菩提於意云何阿那含能作是念
我得阿那含果不須菩提言不也世尊何以
故阿那含名為不来而實無来是故名阿那
含須菩提於意云何阿羅漢能作是念我得
阿羅漢道不須菩提言不也世尊何以故實
無有法名阿羅漢世尊若阿羅漢作是念我

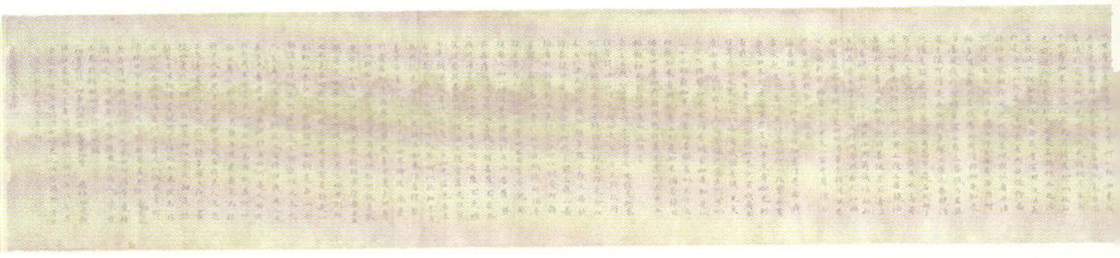

得阿羅漢道即爲著我人衆生壽者世尊佛
説我得無諍三昧人中最爲第一是第一離
欲阿羅漢我不作是念我是離欲阿羅漢世
尊我若作是念我得阿羅漢道世尊則不説
須菩提是樂阿蘭那行者以須菩提實無所
行而名須菩提是樂阿蘭那行
佛告須菩提於意云何如來昔在然燈佛所
於法有所得不世尊如來在然燈佛所於法
實無所得須菩提於意云何菩薩莊嚴佛土
不不也世尊何以故莊嚴佛土者即非莊嚴
是名莊嚴是故須菩提諸菩薩摩訶薩應如
是生清淨心不應住色生心不應住聲香味
觸法生心應無所住而生其心須菩提譬如
有人身如須弥山王於意云何是身爲大不

有人身如須弥山王於意云何是身為大不
須菩提言甚大世尊何以故佛說非身是名
大身
須菩提如恒河中所有沙數如是沙等恒河
於意云何是諸恒河沙寧為多不須菩提言
甚多世尊但諸恒河尚多無數何況其沙須
菩提我今實言告汝若有善男子善女人以
七寶滿尒所恒河沙數三千大千世界以用布
施得福多不須菩提言甚多世尊佛告須
菩提若善男子善女人於此經中乃至受持
四句偈等為他人說而此福德勝前福德復
次須菩提隨說是經乃至四句偈等當知此
處一切世間天人阿脩羅皆應供養如佛塔
廟何况有人盡能受持讀誦須菩提當知是

人成就㝡上第一希有之法若是經典所在
之處則為有佛若尊重弟子
尒時須菩提白佛言世尊當何名此經我等
云何奉持佛告須菩提此經名為金剛般若
波羅蜜以是名字汝當奉持所以者何須菩
提佛說般若波羅蜜則非般若波羅蜜須菩
提於意云何如來有所說法不須菩提白佛
言世尊如來無所說須菩提於意云何三千
大千世界所有微塵是為多不須菩提言甚
多世尊須菩提諸微塵如來說非微塵是名
微塵如來說世界非世界是名世界須菩提
於意云何可以三十二相見如來不不也世尊
何以故如來說三十二相即是非相是名
三十二相須菩提若有善男子善女人以恒

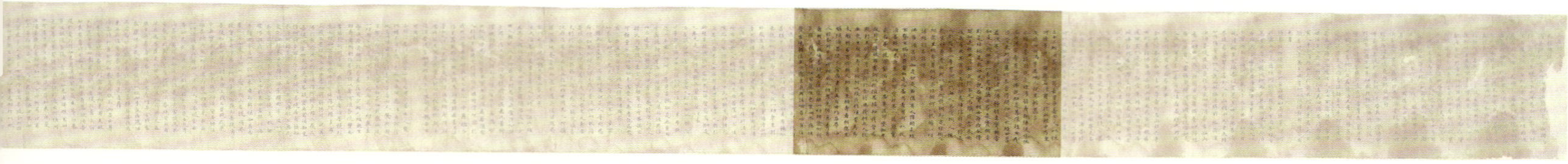

三十二相須菩提若有善男子善女人以恒
河沙等身命布施若復有人於此經中乃至
受持四句偈等為他人說其福甚多
尒時須菩提聞說是經深解義趣涕淚悲泣
而白佛言希有世尊佛說如是甚深經典我
從昔来所得慧眼未曾得聞如是之經世尊
若復有人得聞是經信心清淨則生實相當
知是人成就第一希有功德世尊是實相者
則是非相是故如来說名實相世尊我今得
聞如是經典信解受持不足為難若當来世
後五百歲其有衆生得聞是經信解受持是
人則為第一希有何以故此人無我相人相
衆生相壽者相所以者何我相即是非相人
相衆生相壽者相即是非相何以故離一切

…相則名諸佛
佛告須菩提如是如是若復有人得聞是經
不驚不怖不畏當知是人甚爲希有何以故
須菩提如來說第一波羅蜜非第一波羅蜜
是名第一波羅蜜須菩提忍辱波羅蜜如來
說非忍辱波羅蜜何以故須菩提如我昔爲
歌利王割截身體我於尒時無我相無人相
無衆生相無壽者相何以故我於往昔節節
支解時若有我相人相衆生相壽者相應生
瞋恨須菩提又念過去於五百世作忍辱仙
人於尒所世無我相無人相無衆生相無壽者
者相是故須菩提菩薩應離一切相發阿耨
多羅三藐三菩提心不應住色生心不應住
聲香味觸法生心應生無所住心若心有住

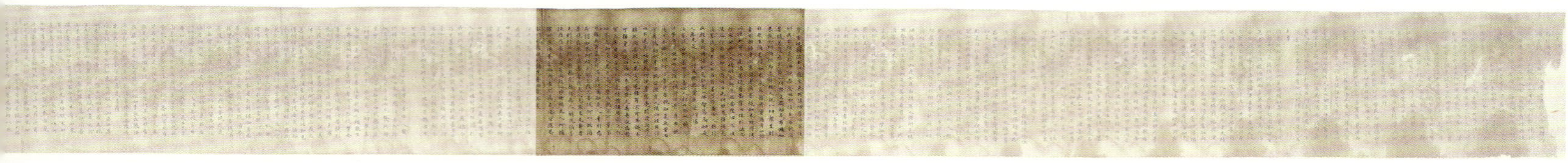

聲香味觸法生心應生無所住心若心有住
則爲非住是故佛說菩薩心不住色布施須
菩提菩薩爲利益一切衆生應如是布施如
来說一切諸相即是非相又說一切衆生則
非衆生須菩提如来是真語者實語者如語
者不誑語者不異語者須菩提如来所得法
此法無實無虛須菩提若菩薩心住於法而
行布施如人入闇則無所見若菩薩心不住
法而行布施如人有目日光明照見種種色
須菩提當来之世若有善男子善女人能於
此經受持讀誦則爲如来以佛智慧悉知是
人悉見是人皆得成就無量無邊功德
須菩提若有善男子善女人初日分以恒河
沙等身布施中日分復以恒河沙等身布施

後日分亦以恒河沙等身布施如是無量百
千萬億劫以身布施若復有人聞此經典信
心不逆其福勝彼何況書寫受持讀誦為人
解說須菩提以要言之是經有不可思議不
可稱量無邊功德如來為發大乘者說為發
最上乘者說若有人能受持讀誦廣為人說
如來悉知是人悉見是人皆成就不可量不
可稱無有邊不可思議功德如是人等則為
荷擔如來阿耨多羅三藐三菩提何以故須
菩提若樂小法者著我見人見衆生見壽者
見則於此經不能聽受讀誦為人解說須菩
提在在處處若有此經一切世間天人阿脩
羅所應供養當知此處則為是塔皆應恭
敬作禮圍繞以諸花香而散其處

散作礼圍繞以諸花香而散其處
復次須菩提善男子善女人受持讀誦此經
若為人輕賤是人先世罪業應墮惡道以今
世人輕賤故先世罪業則為消滅當得阿耨
多羅三藐三菩提須菩提我念過去无量阿
僧祇劫於然燈佛前得值八百四千萬億那
由他諸佛悉皆供養承事無空過者若復有
人於後末世能受持讀誦此經所得功德於
我所供養諸佛功德百分不及一千萬億分
乃至筭數譬喻所不能及須菩提若善男子
善女人於後末世有受持讀誦此經所得功
德我若具說者或有人聞心則狂亂狐疑不
信須菩提當知是經義不可思議果報亦不
可思議

尒時須菩提白佛言世尊善男子善女人發
阿耨多羅三藐三菩提心云何應住云何降
伏其心佛告須菩提善男子善女人發阿耨
多羅三藐三菩提者當生如是心我應滅度
一切衆生滅度一切衆生已而無有一切衆生
實滅度者何以故若菩薩有我相人相衆生
相壽者相則非菩薩所以者何須菩提實無
有法發阿耨多羅三藐三菩提者須菩提於
意云何如来於然燈佛所有法得阿耨多羅
三藐三菩提不不也世尊如我解佛所說義
佛於然燈佛所無有法得阿耨多羅三藐三
菩提佛言如是如是須菩提實無有法如来
得阿耨多羅三藐三菩提須菩提若有法如
来得阿耨多羅三藐三菩提然燈佛則不與我
受記汝於来世當得作佛号釋迦牟尼以實

受記汝於来世當得作佛号釋迦牟尼以實
無有法得阿耨多羅三藐三菩提是故然
燈佛與我受記作是言汝於来世當得作佛
号釋迦牟尼何以故如来者即諸法如義若
有人言如来得阿耨多羅三藐三菩提須菩
提實無有法佛得阿耨多羅三藐三菩提須
菩提如来所得阿耨多羅三藐三菩提於是
中無實無虚是故如来說一切法皆是佛法
須菩提所言一切法者即非一切法是故名
一切法須菩提譬如人身長大須菩提言世
尊如来說人身長大則為非大身是名大身
須菩提菩薩亦如是若作是言我當滅度無
量衆生則不名菩薩何以故須菩提實無有
法名為菩薩是故佛說一切法無我無人無

衆生無壽者須菩提若菩薩作是言我當
莊嚴佛土是不名菩薩何以故如來說莊嚴佛
土者即非莊嚴是名莊嚴須菩提若菩薩通
達無我法者如來說名真是菩薩
須菩提於意云何如來有肉眼不如是世尊
如來有肉眼須菩提於意云何如來有天眼
不如是世尊如來有天眼須菩提於意云何
如來有慧眼不如是世尊如來有慧眼須菩
提於意云何如來有法眼不如是世尊如來
有法眼須菩提於意云何如來有佛眼不如
是世尊如來有佛眼須菩提於意云何恒河
中所有沙佛說是沙不如是世尊如來說是
沙須菩提於意云何如一恒河中所有沙有
如是等恒河是諸恒河所有沙數佛世界如
是寧為多不甚多世尊佛告須菩提尒所國

須菩提於意云何如一恒河中所有沙有
如是等恒河是諸恒河所有沙數佛世界如
是寧為多不甚多世尊佛告須菩提尒所國
土中所有衆生若干種心如来悉知何以故
如来說諸心皆為非心是名為心所以者何
須菩提過去心不可得現在心不可得未来
心不可得須菩提於意云何若有人滿三千
大千世界七寶以用布施是人以是因緣得
福多不如是世尊此人以是因緣得福甚多
須菩提若福德有實如来不說得福德多以
福德無故如来說得福德多
須菩提於意云何佛可以具足色身見不不
也世尊如来不應以色身見何以故如来說
具足色身即非具足色身是名具足色身須
菩提於意云何如来可以具足諸相見不不

也世尊如来不應以具足諸相見何以故如
来說諸相具足即非具足是名諸相具足須
菩提汝勿謂如来作是念我當有所說法莫
作是念何以故若人言如来有所說法即為
謗佛不能解我所說故須菩提說法者無法
可說是名說法須菩提白佛言世尊佛得阿
耨多羅三藐三菩提為無所得耶如是如是
須菩提我於阿耨多羅三藐三菩提乃至無
有少法可得是名阿耨多羅三藐三菩提復
次須菩提是法平等無有高下是名阿耨多
羅三藐三菩提以無我無人無衆生無壽者
脩一切善法則得阿耨多羅三藐三菩提須
菩提所言善法者如来說非善法是名善法
須菩提若三千大千世界中所有諸須弥山

菩提所言善法者如来說非善法是名善法
須菩提若三千大千世界中所有諸須弥山
王如是等七寶聚有人持用布施若人以此
般若波羅蜜經乃至四句偈等受持讀誦為
他人說於前福德百分不及一百千萬億分
乃至筭數譬喻所不能及
須菩提於意云何汝等勿謂如来作是念我
當度衆生須菩提莫作是念何以故實無有
衆生如来度者若有衆生如来度者如来則
有我人衆生壽者須菩提如来說有我者則
非有我而凡夫之人以為有我須菩提凡夫
者如来說則非凡夫須菩提於意云何可以
三十二相觀如来不須菩提言如是如是以
三十二相觀如来佛言須菩提若以三十二
相觀如来者轉輪聖王則是如来須菩提白

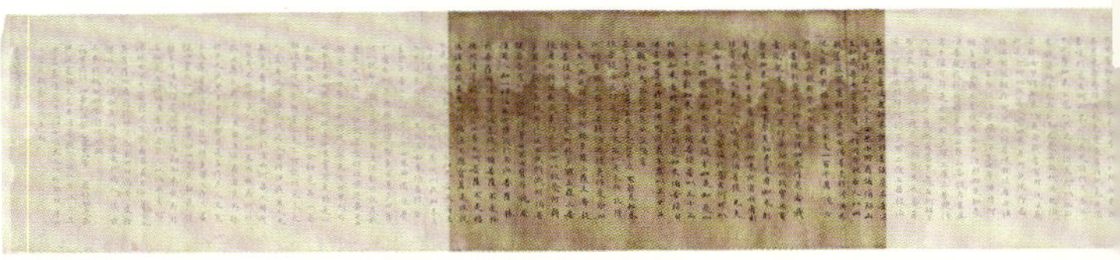

佛言世尊如我解佛所說義不應以三十二
相觀如來爾時世尊而說偈言
若以色見我　以音聲求我　是人行邪道　不能見如來
須菩提汝若作是念如來不以具足相故得
阿耨多羅三藐三菩提須菩提莫作是念如
來不以具足相故得阿耨多羅三藐三菩提
須菩提汝若作是念發阿耨多羅三藐三菩
提者說諸法斷滅莫作是念何以故發阿耨
多羅三藐三菩提者於法不說斷滅相須菩
提若菩薩以滿恒河沙等世界七寶布施若
復有人知一切法無我得成於忍此菩薩勝
前菩薩所得功德須菩提以諸菩薩不受福
德故須菩提白佛言世尊云何菩薩不受福
德須菩提菩薩所作福德不應貪著是故說

德故須菩提白佛言世尊云何菩薩不受福
德須菩提菩薩所作福德不應貪著是故說
不受福德須菩提若有人言如來若來若去
若坐若卧是人不解我所說義何以故如來者
無所從來亦無所去故名如來須菩提若
善男子善女人以三千大千世界碎為微塵
於意云何是微塵衆寧為多不甚多世尊
何以故若是微塵衆實有者佛則不說是微
塵衆所以者何佛說微塵衆則非微塵衆是名
微塵衆世尊如來所說三千大千世界則非
世界是名世界何以故若世界實有者則是一
合相如來說一合相則非一合相是名一合
相須菩提一合相者則是不可說但凡夫之
人貪著其事須菩提若人言佛說我見人見
衆生見壽者見須菩提於意云何是人解我

所說義不世尊是人不解如來所說義何以
故世尊說我見人見衆生見壽者見即非
我見人見衆生見壽者見是名我見人見衆
生見壽者見須菩提發阿耨多羅三藐三菩
提心者於一切法應如是知如是見如是信
解不生法相須菩提所言法相如來說即非
法相是名法相須菩提若有人以滿無量阿
僧祇世界七寶持用布施若有善男子善女人
發菩薩心者持於此經乃至四句偈等受持
讀誦為人演說其福勝彼云何為人演說
不取於相如如不動何以故
一切有為法　如夢幻泡影　如露亦如電　應作如是觀
佛說是經已長老須菩提及諸比丘比丘尼
優婆塞優婆夷一切世間天人阿脩羅聞佛所
說皆大歡喜信受奉持

說皆大歡喜信受奉持
金剛般若波羅蜜經

BD01052　維摩詰所説經卷上

（後秦）鳩摩羅什　譯

BD01052v　維摩詰所説經卷上外題

182.5cm × 24.5cm

（4−1）

維摩詰所說經　一名不可思議解脫

佛國品第一

如是我聞一時佛在毗耶離菴羅樹園與大
比丘衆八千人俱菩薩三萬二千衆所知識
大智本行皆悉成就諸佛威神之所建立為
護法城受持正法能師子吼名聞十方衆人
不請友而安之紹隆三寶能使不絶降伏魔
怨制諸外道悉已清淨永離蓋纏心常安住
无㝵解脫念定揔持辯才不斷布施持戒忍
辱精進禪定智慧及方便力无不具足逮无
所得不起法忍已能隨順轉不退輪善解法
相知衆生根蓋諸大衆得无所畏功德智慧
以脩其心相好嚴身色像第一捨諸世間所
有飾好名稱高遠踰於須弥深信堅固猶若
金剛法寶普照而雨甘露於衆言音微妙第

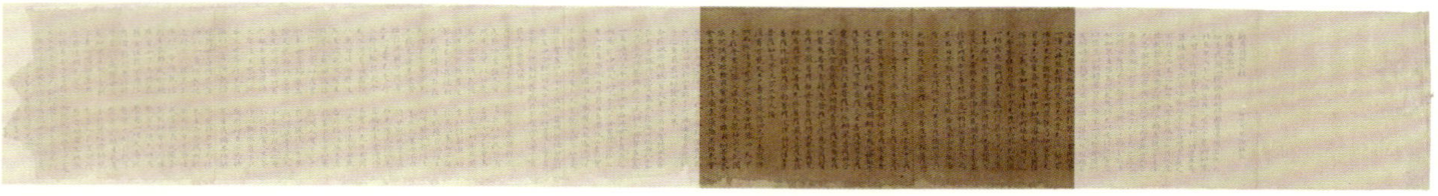

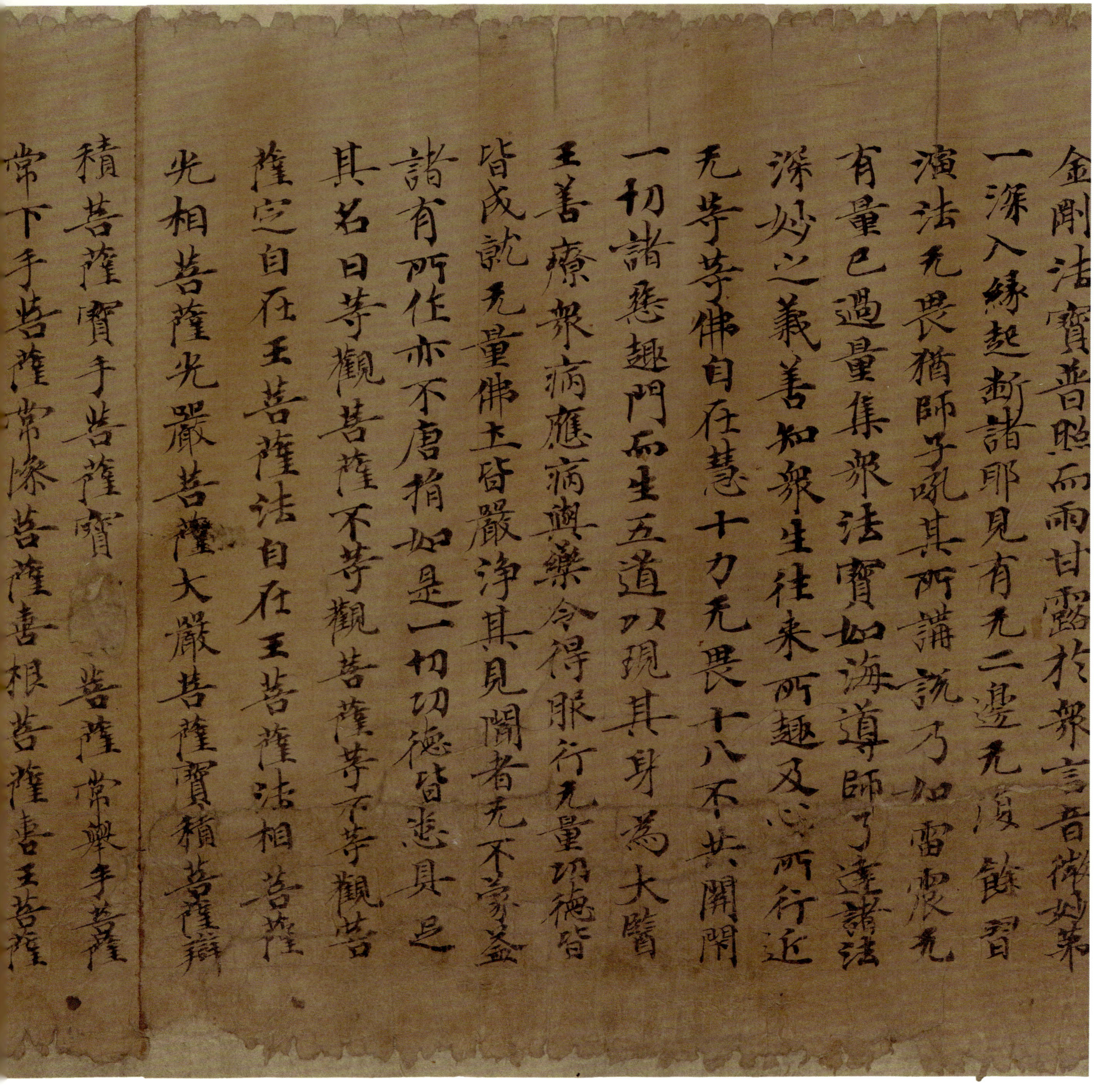

金剛法寶普照而雨甘露於衆言音微妙第
一深入緣起斷諸耶見有无二邊无復餘習
演法无畏猶師子吼其所講說乃如雷震无
有量已過量集衆法寶如海導師了達諸法
深妙之義善知衆生往來所趣及心所行近
无等等佛自在慧十力无畏十八不共關閉
一切諸惡趣門而生五道以現其身爲大醫
王善療衆病應病與藥令得服行无量功德皆
皆成就无量佛土皆嚴淨其見聞者无不蒙益
諸有所作亦不唐捐如是一切功德皆悉具足
其名曰等觀菩薩不等觀菩薩等不等觀菩
薩定自在王菩薩法自在王菩薩法相菩薩
光相菩薩光嚴菩薩大嚴菩薩寶積菩薩辯
積菩薩寶手菩薩寶　菩薩常舉手菩薩
常下手菩薩常慘菩薩喜根菩薩喜王菩薩

（4–2）

辯音菩薩虛空藏菩薩執寶炬菩薩寶勇菩
薩寶見菩薩帝綱菩薩明綱菩薩无緣觀菩
薩慧積菩薩寶勝菩薩天王菩薩壞魔菩薩
電德菩薩自在王菩薩功德相嚴菩薩師子
吼菩薩雷音菩薩山相擊音菩薩香象菩薩
白香象菩薩常精進菩薩不休息菩薩妙生
菩薩華嚴菩薩觀世音菩薩得大勢菩薩梵
綱菩薩寶杖菩薩无勝菩薩嚴土菩薩金髻
菩薩珠髻菩薩彌勒菩薩文殊師利法王子
菩薩如是等三万二千人俱
復有万梵天王尸棄等從餘四天下來詣佛
所而聽法復有万二千天帝亦從餘四天下
來在會坐并餘大威力諸天龍神夜叉乾闥
婆阿脩羅迦樓羅緊那羅摩睺羅伽等悉來
會坐諸比丘比丘尼優婆塞優婆夷俱來會

婆阿脩羅迦樓羅緊那羅摩睺羅伽等悉來
會坐諸比丘比丘尼優婆塞優婆夷俱來會
坐彼時佛與无量百千之衆恭敬圍遶而為
說法譬如須弥山王顯于大海安處衆寶師
子之坐蔽於一切諸來大衆
尒時毗耶離城有長者子名曰寶積與五百
長者子俱持七寶蓋來詣佛所頭面礼足各
以其蓋共供養佛佛之威神令諸寶蓋合成
一蓋遍覆三千大千世界而此世界廣長之
相悉於中現又此三千大千世界諸須弥山
雪山目真隣陁山摩訶目真隣陁山香山寶
山金山黑山鐵圍山大鐵圍山大海江河川
流泉源及日月星辰天宮龍宮諸尊神宮悉
現於寶蓋中又十方諸佛諸佛說法亦現於
寶蓋中尒時一切大衆覩佛神力歎未曾有

（4–3）

合掌礼佛瞻仰尊顏目不暫捨長者子寶
積即於佛前以偈頌曰
目淨脩廣如青蓮　心淨已度諸禪定
久積淨業稱无量　導衆以寂故稽首
既見大聖以神變　普現十方无量土
其中諸佛演說法　於是一切悉見聞
法王法力超羣生　常以法財施一切
能善分別諸法相　於第一義而不動
已於諸法得自在　是故稽首此法王
說法不有亦不无　以因緣故諸法生
无我无造无受者　善惡之業亦不亡
始在佛樹力降魔　得甘露滅覺道成
已无心意无受行　而悉摧伏諸外道
三轉法輪於大千　其輪本來常清淨
天人得道此為證　三寶於是現世間

天人得道此為證　三寶於是現世間
以斯妙法濟群生　一受不退常寂然
度老病死大醫王　當礼法海德无邊
毀譽不動如須弥　於善不善等以慈
心行平等如虛空　孰聞人寶不敬承
今奉世尊此微蓋　於中現我三千界
諸天龍神所居宮　揵闥婆等及夜叉
悉見世間諸所有　十力哀現是化變
衆覩希有皆嘆佛　今我稽首三界尊
大聖法王衆所歸　淨心觀佛靡不欣
各見世尊在其前　斯則神力不共法
佛以一音演說法　衆生隨類各得解
皆謂世尊同其語　斯則神力不共法
佛以一音演說法　衆生各各隨所解
普得受行獲其利　斯則神力不共法

佛以一音演說法　或有恐畏或歡喜
或生猒離或斷疑　斯則神力不共法
稽首十力大精進　稽首已得无所畏
稽首住於不共法　稽首一切大導師
稽首能斷衆結縛　稽首已到於彼岸
稽首能度諸世間　稽首永離生死道
悉知衆生來去相　善於諸法得解脫
不著世間如蓮華　常善入於空寂行
達諸法相无罣㝵　稽首如空无所依
尒時長者子寶積說此偈已白佛言世尊是
五百長者子皆已發阿耨多羅三藐三菩提
心願聞得佛國土清淨唯願世尊說諸菩薩
佛言善哉寶積乃能為諸
之行諦　諦聽善思

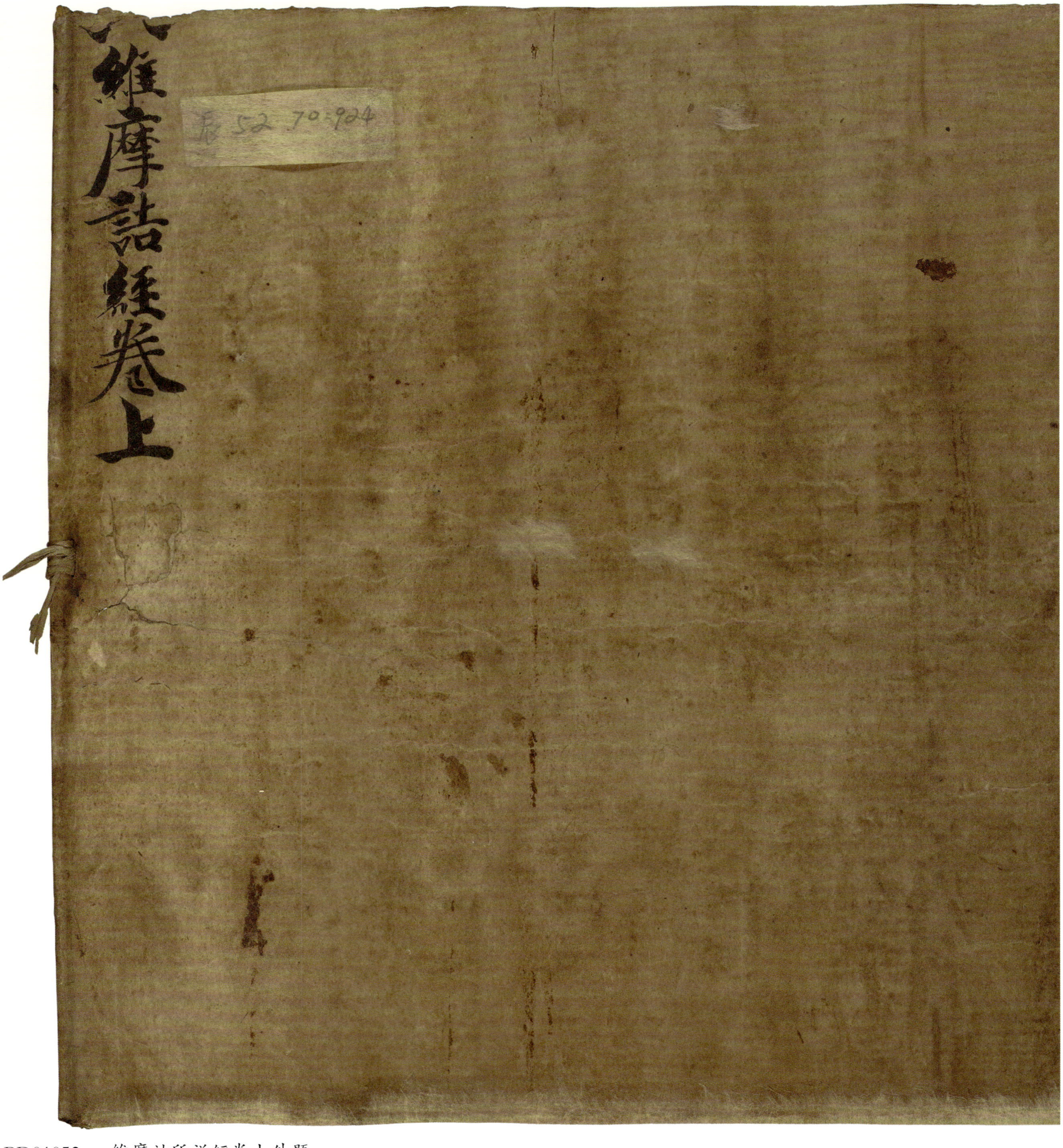

BD01052v　維摩詰所説經卷上外題

BD01053　華嚴略疏卷一

970.7cm × 25.2cm

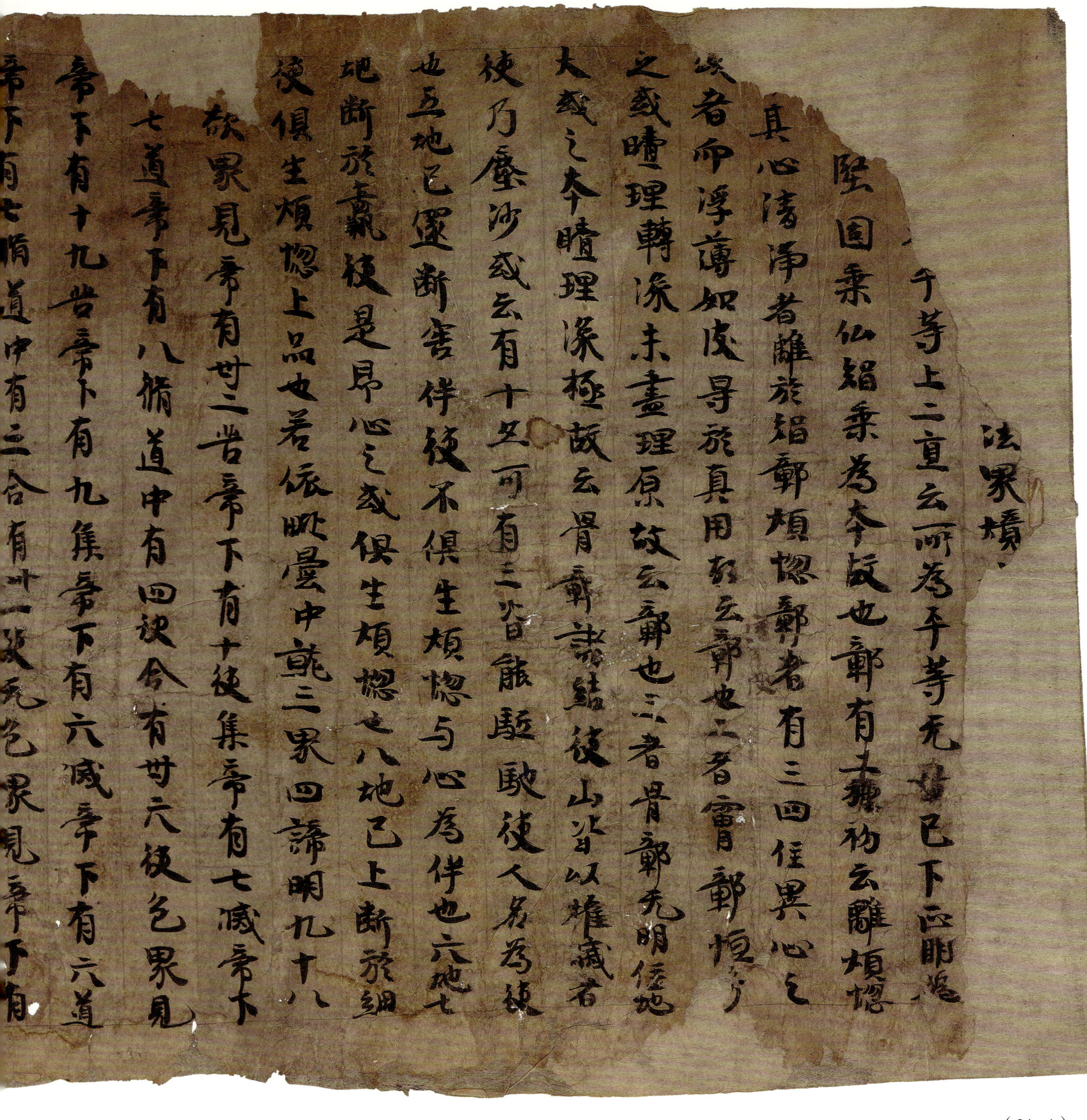

法界墳
千等上二亘云所為平等无分已下正明惑
堅固乘仙猶乘為本故也鄣有上種初云離煩惱
其心清淨者離於煩惱鄣者有三四住異心之
惑者亦浮薄如皮㝵於真用故云鄣也二者實鄣恒沙
之惑障理轉深未盡理原故云鄣也三者骨鄣无明住地
大惑之本障理深極故云骨鄣譬結使山皆以推藏者
使乃塵沙惑云有十又可有三皆能驅馳使人名為使
也五地已還斷害伴使不俱生煩惱与心為伴也六地七
地斷於忝氣使是那心之惑俱生煩惱也八地已上斷於細
使俱生煩惱上品也若依毗曇中就三界四諦明九十八
欲界見帝下有卅二苦帝下有十使集帝有七滅帝下
七道帝下有八脩道中有四使合有卅六使色界見
帝下有十九苦帝下有九集帝下有六滅帝下有六道
帝下有七脩道中有三合有卅一使无色界見帝下有

（21–1）

十九苦帝下有九集帝下有六滅帝下有六道帝下有七
循道中有三合有卅一使揔三界五行為九十八使也見苦
斷廿八見集斷十九見滅斷十九見道斷廿二　若廣辯其
解惑位之高下但諸大乘經屠甚无量對機布教根教
千徒階位万品難可備盡耳　觀仏海願已下揔釋上三觀
悟仏也所以者何者所以有此三種得益者何由如來大悲
曠劫善攝衆生稟化來久故能今習行感應物无方斷
鄣遂使入仏願海如涅槃經所以說如來恩重三千難多
恩重難棄義无異也各隨本行皆得出要者要有五種
一入住位出外化之要二入初地出我見之要三入六地出有
相之要四入八地出无相之要五入仏地位出生滅之要之者
其也要其遠近悉由如來恵光明故若欲横對要乃千徒
耳乘解脫力入如來海者有二義一由具前三德名乘解脫
力二者權衆要為言乘无垢解力入如來緖海故云於仏法
門悉得自在也列名嘆德既在於上　從善海摩醯首羅天
已下說海恵第二明獻供也中有二種意一斬蘭有供无供之

已下說海惠第二明讚供也中有二種意一料簡有供无供之
別二料簡偈中嘆仏數有增減初明有供无供之別者自下十
八衆皆有所費隱而不列餘有廿衆者明讚供也而供有二
種所謂財法財有內外法有理教此十大天王皆就一所得
法門說偈嘆仏畢用嘆仏顯理利益衆生稱悅聖意故稱
供也如食恰悅神性保安穩受故也第二明偈中嘆仏數有
增減者自下興偈誦前所得法門明義對懷廣略有別
初首羅廿刂果貴十九偈遍淨廿二光音廿偈大梵十八刂
自在廿偈化樂廿二兜率十六偈夜摩十六行帝釋廿偈日
天廿二月天十六偈持國廿刂鳩槃廿偈博叉廿刂毗沙十八
偈力士廿刂普賢廿偈海惠十九行諸王不說偈既多少不
同頌上法門並有廣略或一偈頌上一法門或有二偈頌上一
法門或有三偈頌上一法門雖初一王說偈皆通頌諸王法
門義也讚法供者非直以偈歎是上長行十法門中各皆辯
仏功德證仏所證乘仏所乘其德與普賢不異今但云略嘆

□淂法門者欲彰法門无邊諸人无限是故各立嘆一相並
无想持三世平等觧也如想嘆中以具想顯首羅天於法界
虛空寂靜方便光明法門亦淂自在法界者一切万法色
心无作善惡无記若有若无一切所為智知皆為法界也虛
空寂靜者實相也方便光明者方便力也於空有中生相用
自在名法門也法門者多以想容即以想為門今此唯以教
能詮理々能通觧々能通人故為門也自下諸門皆尒人法雖
衆觀獻法供並以嘆仏應實二身及以注因三輪並相為
宗所以亦名嘆仏為獻者食已怡悦人情係安並度
為義此感恩重嘆仏古今因果理趣遠悦醒心保安
法身器量深令衆生淂見聞之益即是供也前嘆
衆淂時從人向天此嘆仏德從天向人此中二應有財供
經家略叙不顯准下諸會皆具財法或欲倚爭載名
月就中十九播說偈初首羅果實光音所沙此四皆初
嘆法身後二嘆因也其餘遍淨化樂一十五天等或
前

嘆法身後二嘆因也其餘通淨化業一十五天等或
顯因在先果在於後或在初偈中三四乃至七八顯前
其因り後還嘆果也首羅中初十八り嘆果後二り嘆
注因初十八り中前二り嘆法身次十六り嘆應身形教
及淨土有所除得曰下力士菩賢雖録中處く依經三
偈訟上一章門与上諸王先異也力士得示現如來无量
色像法門外護内眦偈有廿り初有六り嘆法仏身業次
有七り嘆口業次有七り衆生見聞形教之益與供養
也菩賢是此會稟説之主成就十二種不可思議法
門初二為摠前句外化後句自行下十法門釋前二義
一所謂出生初對一句釋初外化也語諸仏所釋前能入自
行也・菩薩諸地已下第二對初句自り示現已下釋外
化也・持諸仏土已下第三對初口句釋自り一切衆中已下
釋外化・於一念中已下第四對初句自行く別者外化也
其身已下第五對初句自行一切已下外化也是十法門皆

具三業自利利他五中初具不具相對次因果相對三種
細相對四一念已下劫与諸根依正相對五身細相對也
普賢偈有廿門初一行嘆仏依正次半行嘆僧寶充滿次
半行嘆法寶利物不思議次九行重嘆仏寶次三行重
嘆法寶次二行重嘆僧寶畢後四行結仏法二寶略不
結僧寶。龍海慧中有二初長行二説偈長行中有三
初列仏坐處嚴具二列坐中大衆三明獻供第二坐中有
三句一者摠列大衆二從其名曰已下別列十名三從如是
已下還摠結歎諸供養已下第三供獻也供有二種初明
財供不可稱結彼菩薩已下九句是第二獻法供之
明列得道之衆亦名嘆德皆嘆自分三業行願自利之德
略不顯利他也故第九句云是名供養諸仏也嘆德九句
中有三分德一始分德二住分德三滿分德清淨者自分
德於仏者他分德悉入者教益也此三為始又得已下
住分功德又得不可思議照明法門自分功德正住已下

復[illegible]
住於功德又得不可思議照明法門自於功德正住已下
共於功德三世滿地已下滿於功德具足已下滿於中初
句无量功德已下滿中第二句常行已下滿中第三句
悉已具足已下摠結前九句也大力法愛法者八地已上
无功用行成无相之愛之而不著也常以法界照一切有也
畢竟空性者照空也空有解滿故云具足也　偈有
十九以直作嘆仏三業平等益物初一以嘆意業平
次十二以嘆身業平等後六以嘆口業平等皆以利
物為宗畢明三輪也上來至此同聞之義成上生下
既本於上畢是證信序竟　動地已下第二明發起
序也亦名如來序前亦名經前序經前何以而來可有
二意一有機无二由大慈雖有機无如來无慈則不動
地諸王大衆則不興其念請大衆不集何得顯其果曰
以之義也以仏慈悲神力動地皆動衆情故有念請衆
集酬答顯果因行利物也　就中有三一總以動[illegible]

二列數相三列讚供根中復有其三初顯能動二蓮華已
下列所動三六種已下摠列動數也所謂已下別列數相
謂動踊震吼起覺一中有三起等起等遍起乃至於覺
一中有三三六以為十八 又令一切已下第三明讚供也既
中有二初明財供二從此世界中已下列得道人亦名列法
供也以其證道稱醒意故名為讚供財供有二一明此方
供養二一切十方已下列他方供養各隨其力者隨感
多少也法供養中復有其二初十句明此方法供二十方一
切已下明他方法供前此方之中直作五對十句初華亂
相對二折歎相對三怯勇相對四證不證相對五度未度
相對此等十句皆嘆目利行顯隱於利他也
盧舍那仏品第二
　盧舍那者周名清淨圓滿
與釋迦一仏而異名寄化主以彰品目故曰盧舍那
仏品又云毗盧為法盧舍為報釋迦為應也自下明
其正說此品有二一 明宗遂生起二科文解義

其正說此品析簡有二　詮宗遠生起二科文解義
遠則有六科文有三六義者一識法相對二藥病相
當三意旨相順四二教相成五伏本大解六悲心於
起　二科文解義者就中有三周說法初從已下至名
號已來一周略明因果以勸於時　第二從名號已下
說於十忍第二周廣明因果以勸於時　第三從僧祇
品已下說於離世間品已下明結勸循成顯前二宗以
益經時若取法界重顯因果許可舉勸流通初階
中廣果亦略因第二名號廣因亦略果第三心王已下
因果俱廣許是倚互彰義也法界重舉者不異前
釋尔可得名廣略四周說法爲於利鈍耳如大涅槃通
取陳如三周因果无異也自有異體因果自有自矜因
果然既云自體寧有因果勝者但體用互興義无楊不
德无不積於因果殊致与如仏性涅槃是自體因果緣
脩方便顯真實體爲異矜因果如金鏁盧台槃承

土皆有同異也然一以先果後因者勸於リ人忻果リ
因故也下廣明因者勸於行人因圓則果滿也若依品
初科釋由是果未竟淨行已下始顯因門心王已下重顯
果門性起已下顯果正因法界已下名流通也　就此品中
有三分一從初說清淨法輪已來名序分　二從爾時普
賢菩薩承佛神神力已下明正說真應圓果以不思議
為宗　三從乃往過去已下顯證流通也示云顯圓果之因
也　初序分之中化有六播長リ及偈皆是發起義也初
長行及偈明大念衆請　第二長行及偈直明放光意
在召衆　第三長行及偈正明集衆　第四長行及偈放
眉間光顯現普賢於十方三業示於大衆爲是此會
稟順之者　第五長行及偈明舊坐菩薩領嘆如來
於十方衆三輪益物也　第六長行及偈明普賢入定
受加之義也若准下諸會皆有六義一處所二獻供三集

於十方界三輪益物也　第六長行及偈明普賢入定
受加之義也若准下諸會皆有六義一處所二獻供三集
衆四放光五説偈六入定此中序分應有六義與下相似
而文小異者以此念請一長行及偈故有八播經文其八
者何一上道場昇是其處也二上顯財法昇是獻供
也三者動地四明念請五者放光六者集衆七者説偈八
者入定此品通序如十地無異此道場獻供動地等昇
與盧舍一品爲通序與下九會爲序而九會之中復別
有序正流通如論釋初地八分前六爲序近與初地爲
序遠通九地爲序而九地之中復別爲序正流通也若号
品中文不異具六者處等不異於此也不思議已下不具
六者顯前略後也然此之念請由上動地獻供而起之
所以偏如前釋就中有三一初從已下明其念請二唯願
已下請決之辭三音中説十八行偈嘆仏功德就前念
請之中開有卅二句大開有四初之九句明真極圓果次

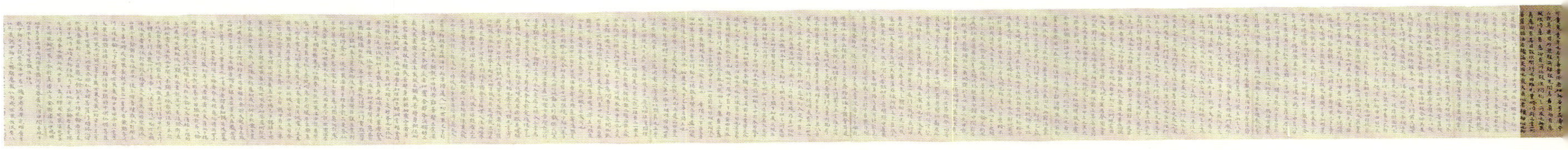

九句八應化法身次十一句八應化所被次三句八因八也
初問佛地者總問佛因果一切功德安立如地也亦可廣生物
善如佛地妙法唯佛所知故云境界也大陁羅尼之極致
云持順益理周為門无畏三昧目在已下為佛勝等也亦
現善提已下應道八相也六根者應身也光明音聲
者聲光益物也諸佛智海已下就應化所及為問也佛
智海者舉智以明所知也世界者衆生所依也衆生海
者語其正報也法界方便海者巧化之極也佛海者舉
主以明所化也波羅蜜海者化周備也法門海者軌
諸无方皆為通化故名法門現八相等為化身海亦
可覓寬覓身也名号壽量海者如此名号品壽命
品說真果圓妙衆聖所歸故先問焉有真必有應
故次問應有應必有所化故次問化之所及也此果
真應必有其因故次問行也因雖无量略問於二言一切
菩薩所循海者標滿是因也發大乘心者標初心也初

[illegible]
菩薩所脩海者懷藴是因也發大乘心者懷初心也初
心是難故別明焉亦以圓果由乎因脩因脩由乎初心
故明然也下答中先答真中九句十世界海已下答應
九句并答所脩被十句也最後乃注已下答因四句也然
則一部之始終皆答上疑但後雖有諸菩薩重問大栢
多同於此是以說經多是答前後明也雖處異衆殊而
見聞是同共為一部故得通答亦可為於利根一周答上
根領解中下之流由自未悟是故諸菩薩等更須重明
之辭无別答亦如前如似涅槃再周明常亦復无妨想別明答
並通任情也所以供養具中復說偈明者明上諸菩薩疑
問情懇故能感瑞令供具之中出自然音而請也亦以疑
念之問唯可如來玄鑒自餘諸衆何容得知故令供具表
上疑問普令大衆渴仰聽答也　偈有十八行前六偈嘆
[illegible]後十二行頌前大衆疑念之事偈中亦問卅二事且与長

行疑問中前後廣略名句小異宗无二也。從昇於面門已
下八中第五長行及偈放光召集他方衆也中有二分初
明放光召衆二從仏神力已下說偈嘆仏初中四句一云
知初心二光出處所從三列光之數相有十種也四列他方
見此面門及齒間者明教有揔別也所以面門及齒者表
明多以言教為仏事也如來仏事者多以面門放光涅槃
口光者心章斷句也偈有十九行中有二義初十偈明讚
仏德後九偈勸勅聽也。從尔時蓮華藏世界已下第六
長行及偈明他方衆集也前直放光遍照十方此明因光
新衆集也就中有二初長行列十方新衆因光來集二光
中說世偈嘆德初衆集中有二初明別列十方衆集二各
有十億已下揔結衆集也示名嘆德也就一方中有八句
一列世界海名二列仏剎名三顯仏号四列菩薩五為仏光
閑覺六明菩薩眷屬七明興供八隨方就坐十方皆尔
也就第二結嘆之中復有二一從如是已下揔結嘆衆集

也龍第二結嘆之中復有二一從如是已下想結嘆衆集
并列財法供養眷屬等二明仏益物之方九重種教化已下
是也初化功之中想結上列先列塵數世界海次列菩薩次列
妙雲次列淨光次列菩提次列其道次列衆生此之八句
皆云塵數也昂是嘆德不可思議事耳九種法門教化
者始從化夫終于十地是所化衆生也日下有九種化宜六
種對治深淺難側且復約位為九自龍中大判為三
初三法門化地前化內外化夫也次三法門化初地已上七地
已還三忍位人也後三法門化八地已上終于十地二忍位人
也初三中一法門在外化之始耶定聚人也第二法門外化之終
不定聚人也第三法門內化之位三賢菩薩正定聚人也次
三法門者初一法門位在三地已還信忍行人也第二法門
位在六地已還順忍行人也第三法門位在七地无生忍下
品也後三法門者初一位在八地第二位九地也第三位十地

也家門藥惟理目方是寧可復顯且寄大況紛之為九可
以是以具收也上云九種是化儀方軌目下六種對治是第
二受化者蒙利也初功德能對治外凡衆生也第二功德
能對治內凡夫人也此之二句摠九句中初三化門地前內
外凡夫為二也第三功能者對治六地已還為聲聞也第
四功能對治七地為緣覺也此二功能收前三忍菩薩約
之為二也第五功能者對治八地九地无生忍中上也第六
功能者對治十地大寂忍下品也与仏同哭故云盧
舍那仏願性海中也此二收上後三門化以為二也若以
實三乘者迴心在於初住解時種種對治釋異於前初
治在外凡第二在內凡第三第四並在內凡此對治並在
十住位中亦可配在住行回也第五對治在初地已上終
于七地第六對治八地已上終于十地作此解時无議不收
无藥不授何妨迴小在於三賢也若依此解前釋初略而

无藥不援何妨迴小在於三經也若依此解前釋初略序
後廣也前作二對治為略地上亦四為廣也今解地前作
四對治名前廣地上作二名後略也雖復六句廣略不
同以解或注對大宗有二以下〻〻絕斷上〻〻或以上〻之絕
除下〻之或若論其起始激終著善惡具有論其斷也
始處終細亦通善惡耳且據始終起盡而辯中間對治
縛脫不可具論縛解之義略顯於上也　第二光中說
偈〻有廿行中有二義初有一十二偈明功行滿足次有八
行明神力普遍微塵毛孔中也　從尒世尊欲令一切菩
薩大衆已下是序中第七現顯普身賢相勸為此
會稟說〻人也依下諸會是序中第七說偈嘆仏也
中間雖有二菩薩說三長行及上處偈也冣後四天
下一長行者結衆集也初中有二一長行二說偈長行中
有五句一明所為二明放光是光之體相三光所及
處四現一大蓮華五現一大菩薩若依此品上已有放光

集界竟此中更放眉間光者欲加於普賢顯中道義
也顯現普賢奴光足下者表明至極之道可傳於下者
第二說偈嘆仏偈有六行皆嘆如來二身於十方界中現
不思議益物也　從尔時師子奮迅音已下明說
偈嘆仏也亦云領於十方三業益物也依下諸會是
偈讚之中第二播說偈也偈有十七行前三五言後十四七
言也五七雜殊並嘆如來十方界說普賢行三業利物耳
從尔時普賢於如來前坐蓮華藏師子坐已下第八普
賢入定也就中有二初長行後廿行偈頌長行有二一明入
定入三昧尔是也二釋入定界加分是也初入定中有二
一入定并列三昧名如來淨藏二列三昧興境乃至一切仏
剎亦同於此就加分中有三初加之相所已下加之所為招
已下正三業加普賢菩薩入此三昧已下顯十如來示現三
業此擬加相也二所謂已下有十句明加之所為成名入定所
為也第三與招已下正明加分也就前加相之中同入因緣有

為也第三与智已下正明加分也就前加相之中内外因緣有
二乎句初云三業加相盧舍本願第一句通前三業皆是外
緣句也又汝已下第二句内因也内外因緣有二句也若不取
三業時但有内外二句也 就加所為中有十句前四句外
化次四句自行後兩句通化方軌正就加之中應有三業略
无初口業也 第二意加之中有十一句前五句加世智次二
句加第一義諦智後四加化衆生智也 摩頂已下第三身
加也第二偈頌中有廿行初十一偈歎普賢三業遍一切處
益物後九偈請說法也 如是四天下已第三結上也
從尒時普賢以下是大段第二正說文也亦是品中第二
二正說有二種釋一者直作六分第一舉十智明圓極妙果
以不思議為宗 第二應用處所寄應以顯真也三名号
无邊四明說法无五光覺土田衆生无邊六明往復顯理
此並是果道也有復一解前是正宗之說一往有二一者五

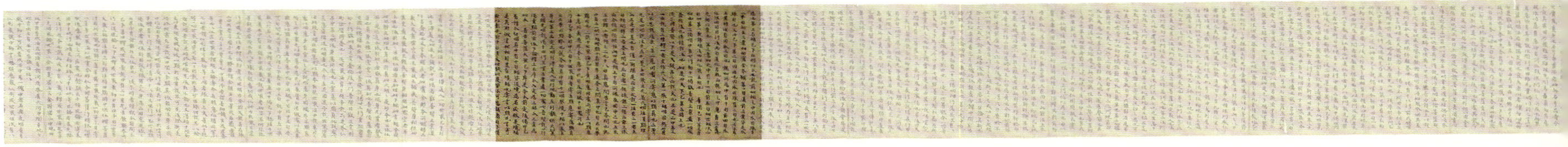

句領問辭二者荅上問也五句者一領依詞二領正詞三依
正合領四領根性此四是領上十句所被及因中三也五云
三世諸仏者領上二九十八句真應問告言已荅問也就
中有二一明十智略顯十真果即遠荅上問真中九句亦云舉
顯用也　二就十世界海已下廣明應用處所寄土以顯應
也應用義過即荅上應中九句及所被十句處所也
乃往已下荅因中三句十世界海者寄土顯應寄應顯真
亦云舉用顯體也就荅初真中有七一明照境十智以表真
身也第二出定三明列得道人四列地動五列獻供六如來
毛頭光明說偈十四行並嘆三業遍一切處七普賢說廿行
偈重顯前旨依下論釋上云序分入定爲三昧分三業爲
加分　普告菩薩大衆已下即是本分前定後偈中已
有請分初明真中有十句智皆從境爲名成敗是境智
是真解假言相相對豈有境智也寄言以顯无言寄
對以彰无對十句有文如疏如是皆不可思議者非下請

對以彰无對十句清文如蹤如是皆不可思議者非下情
所惻故云承仏神力擧十智可以知万故云具足演說亦得云
道具足在下十世界海顯依下諸會皆初嘆入法此始擧
真智者擧果行因也即是顯真耳從彼三昧起者上已
出定告衆嘆說十智竟此云始起者以真智理深重入故
出也亦可經說之前後也●時彼已下第三列得道之人
中有二初揔別三昧海列此方得道人一切世界已下列
他方得道人如來毛頭說十四偈者歎普賢三業遍
十方蓋構也文言本願底者如盧舍那本所願時三
聚大義盡虛空遍法界故云願底普賢身相猶如
虛空遍法界故云願底普賢身相猶如虛空者等
法性也依於如如不依仏國者上如理如下智如言智會理、
如智幹亦如明法身依於真如之智之是妙本也不依仏
國之是化亦之也依於如之者歎真身也現身无量者歎應

身也真身二種一依虛空二依真如七普賢偈應在前
但諸仏偈隔故在後・第七普賢說偈廿三行重顯前普
物十行歎如來三業益物後十行普賢自歎三業利
物除楨得益也・從世界海有十種事說品是益仏
果中第二明法身應用處也上宣應以顯真此說處以
表應皆階汲以明義也今弁至是圓果帀說世界海者
但理絕言頑非藉應无以顯本故就世界海中說應用之
處以明應身有宣化之益既明應身圓被界尔顯真
極之妙非處无以明應非應无以表實故須假處以通應
藉應以顯真界遠益應中九句所被十句因中三句合
廿三句問也尔可道乃注已下益因中三句就中有五一舉
數二列名三辯義四釋成世界義五七十偈已下摠結十世
界義也中有生起十世界義也說世界者如娑婆阿弥陀
等起具者成也具八因緣故起應知或仏神力故衆生業

等起具者成也具八因緣故起應知或仏神力故發生業
行所成也三住者謂依約業為因瞿力金剛大龍等為緣
也四形者方圓等也五體者謂金銀土石等六莊嚴者謂
一寶二寶乃至无量寶也七清淨者謂善知識生波羅蜜
等也八仏出世界者謂現三輪壽命長短應化隨所宜等
九劫者謂仏刹住可數劫等十壞者緣盡三灾等此十總
攝一切世界海皆同若一一別說則塵沙因緣但說其八輪
論說壞者說通始終壞懷先後故不論也又復始十稍初
云如來稍成敗稍彼以顯故不重說爾可先後際斷表
始終相盡故不說也中間八事顯其依報明法身爾於
中化也自下諸偈皆頌前長行也起具廿行住卌半形十七行
半體有十行莊嚴廿行清淨十八偈出世廿行劫世不顯
偈依果者果依於因故云依果二人身為正因宅為依〻
正果亦有餘報故云依果也· 從尒時普賢欲分別開示
已下第四釋成世界義於中有二一直先吉衆顯大十所

行二從風輪已下正釋成世界義初中有四子句一直告
大衆二總顯注時三別顯注時四顯時中供仏脩菩薩
行成此世界也但解一蓮華藏世界成義一切皆尓且寄
一蓮華世界海以明盧舍那仏本脩菩薩行時終何僧
祇微塵數劫之所莊嚴也餘疏云十種風輪者寄表
因中十地行也始云初住終于十住地寄風輪者表先際
无住行為本也就此成中有八義以釋成世界海之田苐
一先明風輪持世界二金剛臺圍山三金剛圍山中地四
地中有香水海五明海有諸河為眷屬六河中間平地七
明香水上有不可思議性住八
就中初不可說香水海中取一樓中者名樂光明廣弁
仏剎義就中初十三幡顯塵數仏剎成世界性次有八
幡明世界性成香水海所以但就一香水辯十三仏剎者
為明一世界性中有衆多仏剎也但解上方則九方同

為明一世界性中有無多佛剎也但觧上方則九方同
然此明積性以成海積剎以成性也自此已下八幡偈
皆頌前長行并顯成世界雜事就中但除第五二十七偈第
六四偈自外六幡各廿偈也然積剎成性積性成海多以
十為一數下經積十三剎至性八性至海此亦有次第
也以三千世界為一佛剎於一方積十佛剎末為微塵一塵
一佛剎十方皆尒積尒所塵數以剎為世界性也故下香
水海云從剎至剎塵數也乃至積性成海皆尒此是蓮
華藏世界海義也積性成海者數如積剎成性十
方皆尒若數三千者從一四天下乃至千百億四天下為
一三千成一剎也積性成海義如上自有小剎小海非一定也
嚴大位觧有相成剎性海義也此是歷明世界名号已
下偈明世界餘九方尒然是佛菩薩常轉法輪處
從說偈已下第五重結前四義初卌行頌上起具因緣
世界海及主世界海也次有十行頌上依及莊嚴清淨

三種世界海義也次六行頌明次二行頌上劫及壞世界
二海義也次五行頌上仏出後七偈頌上說世界也今乃領
壞在前顯說在後者欲表先後不定万法皆尔可遣
斷常之患也 ●從乃往過去已下品中第三明引證流
通文云果不自有由因而尅界遠答上問文歎慈悲心
遠益於二世故流通文興也何故名顯證者廣引往昔
賢菩薩循行時處行成果熟故名顯也就中有二一明循
行時處●二從彼世界過百歲已有仏出世已下明遇仏
蒙利初時處中有三一列時節又近二列世界海三列世
界性名彰相莊嚴其中須弥寶地衆山香水山林樓閣
香雲及八部城中道場等皆莊嚴世界性彰也彼世
界已下見第二見仏蒙利也就中有二周值仏就初中
有四周長行及偈初長行及八偈明莊嚴童子遇仏蒙
利聲及四人第二長行及九偈明愛見父王与聞法勑國
[illegible]儀静次往第三長行及九偈明[illegible]

利聲及四人第二長行及九偈明變見父王与聞法勑國
臣民嚴辯欲往第三長行及九偈明變見父王聞法尅勑
臣民八部詣仏聽法第四長行及九偈列淂道五人并如
來述成也初中有四一揔列仏出世二別列仏名光明益物三
變見大王已下列所度之衆四童子淂益佈歎如來也
第二長行及偈中有二一普告國人二嚴辦行具第三長
行及偈中有四一王与人天大衆往詣仏所二列循多羅
名字多少三聞法淂益四偈中勸循勸學第四長行及
偈中有二一列大衆淂道二如來嘆讚述成授記第二周見
仏中有二初直見仏淂三昧門第二周聞法淂三昧門三百
重者表三大阿僧秖劫行之也

名号品第三　名以定形字以稱德号曰顯號令從化立
爲名故曰名号品
仏在已下有二種釋一家解時果中作六分經文一以不思議
少唱爲宗二寄立題應其二如上三既有應身名号是

故名号品興既有人名理須說法故次第四〻諦品興也
教不虛設必有所被土境衆生故第五光覺品興生解
有由理須注復故次第六明難興也又復一解從此已下第
二廣明因果上略此廣也与大涅槃純陁哀歎對形言方便略
明果也心王已下如大衆問品已下廣明果也就初顯果之
中始一品明身業益物次四諦一品明口業益物光覺一品明
意業也爾名勸解三輪理須注復顯理故明難一品注復顯
理後解脫因初中有二一明其身二承仏神力已下正說名
号身中有六一列住處二嘆仏德三歎他方來衆德四作
念問五者召衆六文殊受加歎大衆昂是入定分也如是
等六句身中義也歎仏德十句中前四歎真身後六歎
應爾可通嘆真應也菩薩歎德中有三章門謂法機
對治後三句重釋三門疑問之中大以作卅二句果有十
句行有九句隨意已下十句重問果十句為卅二大問也
子以一百卅九以初十句以果次九十句問行因也隨善為一句

子門一百廿九門初十句門果次九十句問行因也隨喜爲一句
不斷如來性爲句通下能除所除八句爲十句重下門果有
十四中開雖出六情根爲六句是則爲一百廿九句別門也罪
後爲惣也衆得作一百卅句門中有新滿在行品初也卅三門
初十句惣答餘別答也・昂以神力已下第五集衆之新也
中有三一亥知物念二現神力三列衆集衆集中一方有八
句一列方所二列近遠三列世界名四列仏号五列善
薩六列眷屬七供養供敬八各坐已方・從文殊師利
已下第六文殊愛加也・從諸仏子已下品中第二正
説也就中有二一惣答上門先領上門辭九句果通領
恩也三何以故已下釋土及化主不同故是以名号説法
先覺乃至方行皆不同也中有三何以故初一釋十方
不同二釋三千三釋四天下中有五播初一四天下作本
二善護十方者是三千世界三素訓十方者是世界

性也四无量十大數者是十蓮華藏世界海也五想結
訖第三世界性中一東方密訓南方罪勇西方離垢北
方有不真寶境界東方北呵梨尼東南方饒益西南方斯少西北
方有下賓境東北方呵梨東南二方知是下方无求上方
解脫音尒名離楴食第四世界海中直東方有十一无量
二不可數三不思議四不可稱五无等六无邊七无分齊
八不可說九如虛空十等法界東方既尒餘九尒然皆是
盧舍那仏所化衆生處尒是蓮華藏世界一仏土也此
則答前乃果〻中九句仏剎等也上盧舍那品中豎辨世
界就成時語傍義不顯此中傍辨世界說時語豎不顯上下
二處皆辨蓮華藏世界起具因緣爲傍乎歎名生解
故也第五想結也其中雖訖四天下十方密訓十大數而
積剎成性積性成海彼言猶俠六說而已耳
四諦品第四　　有作无作有爲二无爲二四也教行及理

稱名自性稱性自法作一義作一[illegible]
四諦品第四　有作无作有為二无為二四也教行及理
得云身次口噱意業也五門境智之別並有所以自此
品卷上五句外示佛所說法示仏刹弊二句也就中唯有三
周一三千二密訓十方三如虛空等法界盡大數略不顯
大數四天下也与上名号品相似三周廣略說法皆云隨
識所說不可盡也然皆集二諦性相是滅道二諦性
相是淨也　光覺品　此品来意上明身品口示現此明
意業也又来上二云謀未若身事自此已下十周放光因
光觀相示現三輪并仏号刹土說法歎仏根器衆生此
則所化根器衆生覺悟開現也名号是教生四諦是法藥
此是根器猶明果義未盡尔可卷上仏刹等十句中外
化功德勢力示隨仏刹起成示正覺三句也相輪光者表
従下向上〻眉間放光表上可傳下尔可慈心樓下也光无
圓義〻十也一四天上即見廿八天也方及等法界四天

四天上皆尔十周者一娑婆相本坐也十百千万百万億十
億百億此十周放光也外猶有一億那由他十億那由他
百億那由他千億那由他万億那由他十万億那由他百
万億那由他一千万那由他十千万那由他百千万億那由他第
三大數者一世界性二世界海三世界輪四世界圓五世界分
別六世界旋七世界轉八世界蓮華九世界須弥十世界
相一无量二不可數三不思議四不可稱五无等六无邊七
无分齊八不可說九如虛空十等法界此四㭊大數第一
大數中依前初大數法數目初一周長行中有四句一列
東方一切世界二明以此類彼三彼同於此四列一菩薩
仏世界及仏号是第四句中分作三句也下之九周
所列乃可寬俠不同其中歷數世界各各一所列与此不
異也十周長行及偈相似偈如有異此十周說偈皆歎
仏功德為宗言也前五周各十偈第六十七偈後四周各

仏功德為宗旨也前五周各十偈第六十七偈後四周各
廿偈十周中初一明文殊勸解上相莫作存執而知二明如
来恵盡德備勸衆識知三如来知万法知别而有應六
道四用而常寂五勸循勸學六相著者不見相者見
仏七歎仏法无為勸衆識知八法身方便巧會有无九大
慈覆普拯衆生告十平等大恵而應接群有无来去相
行者應知

明難品第六

上雖明理解未堅固
要假注復故此品與甄中有十周長行及偈前三甄衆生
業報後七寄化主為言略後長行搃結前二初一歎心
外有神非能造万物者以緣假相緣續无性離空實
破断常二問者无衆生不應有十隨教化者以相續
故有无離故空三門四大造善悪苦樂者以恩造業
无性故空實法不定空无造也四門會空理一不應
用應衆答以根不同别故有衆也五門真用是一不
應施者報别答以用心不等故别也六門教有観别

不應須二答以教行相雜故須二也七問若聞法斷惑
者何故聞而不斷答以依教熏脩乃斷八問歎唱為
勝不應須九及五四等也答以對相冒故須十行偈
中分作五分初一行勸聽次一行不見一仏不藉多行成
者次一行衆根不同次三行對患故須次四行功用相成
故須九也問若唯一乘不假諸法答以器故次須第九
九門中初二行顯一仏唯一道下八行去衆根不同故不一
也十門仏境界有十一句初云境界二國三所入四所度五
隨順唱六隨順法七分別唱八問識仏境界九門分別知
仏境界十問照用十一問境界廣前之十句皆境界略不
着初偈答第一仏境界義第十一句通去也下之九句次
第而答文无隔越最後界是第三長行摠結前二衆生
化主果分說　　淨行品第七　　此品猶屬文中第二會
說六品中前是方便此二是行成也此品來意者有三

說六品中前是方便此二是行成也此品來意者有三
一遠答上問二明尅果之因三教行相資答乃因果可成
意得釋第三教行相資者上化主法門光照世界相照衆
生并注復顯理生解依與淨行及身口業故此品與之並
上放相輪光明為此一段衆生聞覺始乃似為外化耶定
及不定聚人也或於想信之耳是下放光明為於下著
化夫人也下界天品放是指光明表漸進位上界義也
此品始生善相遠謂仏果義復有三二明相資以相无相
漏无漏乃至化至之與醒皆是相資相發故經云一念之
善直向菩提不受世報故經云一念之善受一切常仏之
果不受生滅之果也三明階級次第者五忍十四忍三賢十
聖是也三明順亦通真聞凡醒頓行自利利他一切万善並通
順極故名順通也亦一人善惡等分者先受善報惡理在後
又以真金葉花日藉等喻是其事也然就此中長行及

偈觀起始終一遠所從化至明立行一周也竟中有三
問二荅三經長行問中有十一句問一一問中皆含多問无
量行相十一句中始九句問三業得一切勝妙功德二次九句淨
生報勝也三次九句問生報上惠勝四次八句問發惠之緣五
次十句問惠之所除六次十句七覺三空問能辨也七次十
句明六度四攝能除相行八次十句十力者明能除功用尒
名得果也九次十句問八部恭敬十次九句問菩薩陰護
釋上恭敬最後第十一有七句問導首陰讓之事七善下
忘發起必照集恩不虛空起生必感昔因果相當故曰是
處若由罪尌處因善槩總因果理差名非是處也生因
鄣報故云處也力義可知辭所違到為至尒可因至於果
處也通物為道前至因處此至果處為異也荅中有二初
長行十句略後偈廣顯長行中初句因後句果第二尊導
者除仏為第二也尒可除四依已外為第二也偈中有一百卌
行前一十一行頌在家菩薩行頌下一百七九行是出家菩

者除仏為第二也亦可除四依已外為第三也偈中有一百卌
行前一十一行顯在家菩薩行顛下一百廿九行是出家菩
薩〻顛亦可名世間也此之一位皆據始行為言故從是下
光明表始〻之人也　賢首品第八　賢首者行〻以入目
品初云賢首品也經記云賢首剎來初云賢首也上淨行
品似如蹹行法相亦會通學家有二行利他行少自利
行偏彰此中次第觀行解心成就通會法相利他行
多自利行少菩薩以他業為己業亦是倚乎彰名
也如眼行品初循戒定惠初自利後利他初淺後深
始末一周仏事滿是梵行十功德亦尔初微終著初自利
後利他論心三業並屬一衆生也觀此經意似是初行
如眼行品初發心湧三寶亦如瓔珞論仁王始從發心終
于灌頂之无異也亦此應在淨行品輪賢首辯者此〻之
品並有二品菩薩始終行成也亦可竒乎亦說有解

菩薩不同二乘凡夫迭觀興行一發畀一万行並習古
經云一地攝一切地發心畢竟二无別乃至量与羅漢等
及量同惠先後㒲等三日月八日月五十日月並普照
也就此品偈有七百一十九行分文有二初[illegible]二偈
殊賢首菩薩行相義二從隨首荅已下正說十三法師
及十四悲行相義就賢首荅中復分為二初正說三賢十
聖顯行義二從元畏大士已下明受持流通分也就初
復分為二初有十三行明地前三堅菩薩行顯第二從孫
心淨信不可壞已下有六百七十八行明初地已上行顯義
也前中有三初二勅聽次五行摠嘆發心功德不可說五
行各別有為也始偈明菩薩發心功德堅固二偈說之難
盡三以少況多四說難究竟前就一仏此就多仏也五、
少分也次有六行明發心因緣由心為因三寶為緣也
中初一摠第二一所依第三一所皆第四一所除第五一所[illegible]

中初一揔第二所欣第三所皆第四所除第五所為

所得也就第二地上之中初十八行偈以信一

行相也次十行明二地也次三地四地五地六〃地各有八行

偈顯其行相次有十六偈明八地他行相次十五偈明九

地行法身功德殆惠具已下有五百七十九行廣揔明第

十地行相所為或是外化内化亦自下乃顯十地行相者

欲令始學遠樹勝行以屬其壊又解如淨行品初具顯

竟此中亦始從發心終于十地亦是始終行就中稱文旨

行外化或以三輪益物實相具辯以為四分初十九行

自行殊滿法界二從或有仏刹已下廿四行明外化義也三

從若欲供養已下有卅四行重明自行前揔此別也四從

欲安一切衆生類已下説不思議劫住有五百二偈廣明

大士定道之力於十方界三輪化衆生也中復有二初

三百卅四行廣顯大士三業行願種〃教化二從一

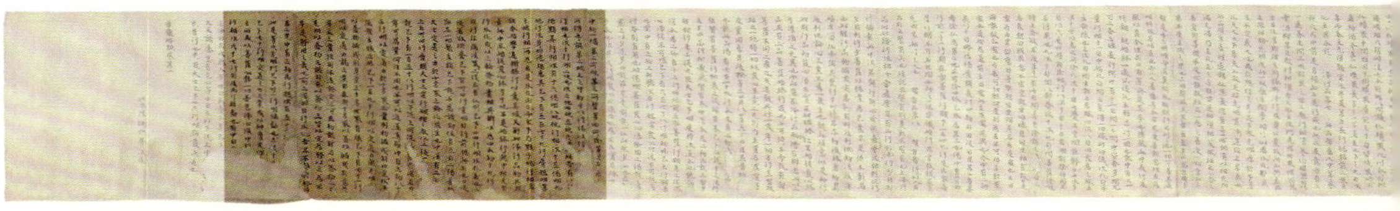

諍已下有一百五十八行明以下法上何法…
寧可思量何住不周也尒可以近通遠初中有三初八十
三行明以定道力於十方界三業利物徧成於口業次安
隱衆生勝三昧已下一百九十行明以定道力就光明二
以益物徧成於身業三十方世界有緣已下有七十一行
明以定道力就三業自在於十方界以益物徧成於意業
尋文三業位别不遠詮旨尒可云初就對治以益物一義
光明以益物三就自在以益物三皆以定為體以三為用
是體用之義也前三周明自行外化者尒不離於體用
第二光中有三初兩行揔次百五十…
如是等次光明門已下廿一行明結勸也三從十二
已下七十二行明定道之力三業或以神變光明
生所或以菩薩心静一切善惡淨心海中爾
行揔次六十七行别後兩行結勸也别中自…

行攝次六十七行别後兩门結勸也别中自
方中自在次能入等中自在童子身已下
天文諸塵空有色心等中自在以下洗上中
无导行也无畏大士已下廿六行明顯發流通也

華嚴略疏卷第一

比丘法瑚供養流通

BD01053　華嚴略疏卷一

BD01054 無量壽宗要經（甲本）

215cm × 31cm

大乘无量壽經

如是我聞一時薄伽梵在舍衛國祇樹給孤獨薗與大苾芻僧千二百五十人大菩薩摩訶

生尒時世尊告曼殊室利童子曼殊上方有世 功德聚彼土有佛号

來阿耨多羅三藐三菩提現為衆生開是說法曼殊 閻浮提人皆短壽

狹枉橫死者種曼殊如是无量壽如來功德名稱法要 有衆生得聞名号若自書或

者能為經卷受持讀誦若於宅舍所住之處以種種花鬘瓔珞塗香末香如為供養如其命

盡復得延年滿足百歲如是曼殊若有衆生得聞是无量壽智決定王如來一百八名号者益

其長壽若有衆生大命將盡憶念是如來名号更得增壽若有善男子善女人欲求長壽於是

无量壽如來一百八名号有得聞者或自書若使人書受持讀誦如是等果報福得具足陁羅尼曰

南謨薄伽勃底一　阿波唎蜜哆二　阿喻紇硯娜三　須毗你志指陁四　囉佐耶五　怛他羯他耶六

怛姪他唵七　薩婆桑悉迦囉八　波唎輸底九　達磨底十　伽伽娜十一　莎訶某持伽底

薩婆婆毗輸底十三　摩訶娜耶十四　波唎婆唎莎訶十五

世尊復告曼殊室利如是如來一百八名号若自書或使人書為經卷受持讀誦如壽命盡須滿百年

壽終此身得无量福智世界无量淨土陁羅尼曰

南謨薄伽勃底一　阿波唎蜜哆二　阿喻紇硯娜三　須毗你志指陁四　囉佐耶五　怛他羯他耶六

南謨薄伽勃底一 阿波唎蜜哆二 阿喻紇硯娜三 須毗你志㮈陁四 囉佐耶五 怛他羯他耶六
怛姪他唵七 薩婆桑悉迦囉八 波唎輸底九 達磨底十 伽伽娜十一 莎訶某持迦底十二
薩婆婆毗輸底十三 摩訶娜耶十四 波唎婆唎莎訶十五
尒時有九十九垓佛等一時同聲說是无量壽宗要經陁羅尼曰
南謨薄伽勃底一 阿波唎蜜哆二 阿喻紇硯娜三 須毗你志㮈陁四 囉佐耶五 怛他羯他耶六
怛姪他唵七 薩婆桑悉迦囉八 波唎輸底九 達磨底十 伽伽娜十一 莎訶某持迦底十二
薩婆婆毗輸底十三 摩訶娜耶十四 波唎婆唎莎訶十五
尒時復有一百四垓佛一時同聲說是无量壽宗要經陁羅尼曰
南謨薄伽勃底一 阿波唎蜜哆二 阿喻紇硯娜三 須毗你志㮈陁四 囉佐耶五 怛他羯他耶六
怛姪他唵七 薩婆桑悉迦囉八 波唎輸底九 達磨底十 伽伽娜十一 莎訶某持迦底十二
薩婆婆毗輸底十三 摩訶娜耶十四 波唎婆唎莎訶十五
尒時復有七垓佛一時同聲說是无量壽宗要經陁羅尼曰
南謨薄伽勃底一 阿波唎蜜哆二 阿喻紇硯娜三 須毗你志㮈陁四 囉佐耶五 怛他羯他耶六 怛
姪他唵七 薩婆桑悉迦囉八 波唎輸底九 達磨底十 伽伽娜十一 莎訶某持迦底
薩婆婆毗輸底十三 摩訶娜耶十四 波唎婆唎莎訶十五

薩婆婆毗蘇底十三 摩訶娜耶十四 波唎婆唎莎訶十五
尒時復有六十五殑伽佛一時同聲說是无量壽宗要經陁羅尼曰
南謨薄伽勃底一 阿波唎蜜哆二 阿喻紇硯娜三 須毗你志指陁四 囉佐耶五 怛他羯他耶六 怛
姪他唵七 薩婆桑志迦囉八 波唎輸底九 達磨底十 伽伽娜十一 莎訶其持迦底十二
薩婆婆毗蘇底十三 摩訶娜耶十四 波唎婆唎莎訶十五
尒時復有五十五殑伽佛一時同聲說是无量壽宗要經陁羅尼曰
南謨薄伽勃底一 阿波唎蜜哆二 阿喻紇硯娜三 須毗你志指陁四 囉佐耶五 怛他羯他耶六
怛姪他唵七 薩婆桑志迦囉八 波唎輸底九 達磨底十 伽伽娜十一 莎訶其持迦底十二
薩婆婆毗蘇底十三 摩訶娜耶十四 波唎婆唎莎訶十五
尒時復有四十五殑伽佛一時同聲說是无量壽宗要經陁羅尼曰
南謨薄伽勃底一 阿波唎蜜哆二 阿喻紇硯娜三 須毗你志指陁四 囉佐耶五 怛他羯他耶六
怛姪他唵七 薩婆桑志迦囉八 波唎輸底九 達磨底十 伽伽娜十一 莎訶其持迦底十二
薩婆婆毗蘇底十三 摩訶娜耶十四 波唎婆唎莎訶十五
尒時復有三十六殑伽佛一時同聲說是无量壽宗要經陁羅尼曰
南謨薄伽勃底一 阿波唎蜜哆二 阿喻紇硯娜三 須毗你志指陁四 囉佐耶五 怛他羯他耶六
怛姪他唵七 薩婆桑志迦囉八 波唎輸底九 達磨底十 伽伽娜十一 莎訶其持迦底十二

南謨薄伽勃底一　阿波唎蜜哆二　阿喻…

怛姪他唵七　薩婆桑悉迦囉八　波唎輸底九　達磨底十　伽伽娜十一　莎訶其持迦底十二
薩婆婆毗輸底十三　摩訶娜耶十四　波唎波唎莎訶十五
尒時復有二十五殑佛一時同聲說是无量壽宗要經陁羅尼曰
南謨薄伽勃底一　阿波唎蜜哆二　阿喻紇硯娜三　須毗你悉指陁四　囉佐耶五　怛他羯他耶六
怛姪他唵七　薩婆桑悉迦囉八　波唎輸底九　達磨底十　伽伽娜十一　莎訶其持迦底十二
薩婆婆毗輸底十三　摩訶娜耶十四　波唎婆唎莎訶十五
尒時復有恒河沙殑佛一時同聲說是无量壽宗要經陁羅尼曰
南謨薄伽勃底一　阿波唎蜜哆二　阿喻紇硯娜三　須毗你悉指陁四　囉佐耶五　怛他羯他耶六
怛姪他唵七　薩婆桑悉迦囉八　波唎輸底九　達磨底十　伽伽娜十一　薩訶其持迦底十二　薩
婆婆毗輸底十三　摩訶娜耶十四　波唎婆唎莎訶十五
善男子若有自書寫教人書寫是无量壽宗要經如其命盡復滿年陁羅尼曰
南謨薄伽勃底一　阿波唎蜜哆二　阿喻紇硯娜三　須毗你悉指陁四　囉佐耶五　怛他羯他耶六　怛姪他唵七　薩婆桑悉迦囉八
波唎輸底九　達磨底十　伽伽娜十一　莎訶其持迦底十二　薩婆婆毗輸底十三　摩訶娜耶十四　波唎婆唎莎訶十五
若有自書寫教人書寫是无量壽宗要經讀誦受持畢竟不墮地獄在在所生得宿命智陁羅尼曰
南謨薄伽勃底一　阿波唎蜜哆二　阿喻紇硯娜三　須毗你悉指陁四　囉佐耶五　怛他羯他耶六　怛姪他唵七　薩婆桑悉迦囉八

南謨薄伽勃底一 阿波唎蜜哆二 阿喻紇硯娜三 須毗你悉指陁四 囉佐耶五 怛他羯他耶六 怛姪他唵七 薩婆桑悉迦囉八
波唎輸底九 達磨底十 伽伽娜十一 莎訶娑持迦底十二 薩婆婆毗輸底十三 摩訶娜耶十四 波唎婆唎莎訶十五
若有自書寫教人書寫是无量壽宗要經讀誦如同書寫八万四千一切經典陁羅尼曰
南謨薄伽勃底一 阿波唎蜜哆二 阿喻紇硯娜三 須毗你悉指陁四 囉佐耶五 怛他羯他耶六 怛姪
他唵七 薩婆桑悉迦囉八 波唎輸底九 達磨底十 伽伽娜十一 莎訶娑持迦底十二 薩婆
婆毗輸底十三 摩訶娜耶十四 波唎婆唎莎訶十五
若有自書寫教人書寫是无量壽宗要經即是書寫八万四千部建立塔廟陁羅尼曰
南謨薄伽勃底一 阿波唎蜜哆二 阿喻紇硯娜三 須毗你悉指陁四 囉佐耶五 怛他羯他耶六
怛姪他唵七 薩婆桑悉迦囉八 波唎輸底九 達磨底十 伽伽娜十一 莎訶娑持迦底十二
薩婆婆毗輸底十三 摩訶娜耶十四 波唎婆唎莎訶十五
若有自書寫教人書寫是无量壽宗要經能消五无間等一切重罪陁羅尼曰
南謨薄伽勃底一 阿波唎蜜哆二 阿喻紇硯娜三 須毗你悉指陁四 囉佐耶五 怛他羯他耶六
怛姪他唵七 薩婆桑悉迦囉八 波唎輸底九 達磨底十 伽伽娜十一 莎訶娑持迦底十二 薩
婆婆毗輸底十三 摩訶娜耶十四 波唎婆唎莎訶十五
若有自書寫教人書寫是无量壽宗要經受持讀誦設有重罪猶如須弥盡能除滅陁羅尼曰
南謨薄伽勃底一 阿波唎蜜哆二 阿喻紇硯娜三 須毗你悉指陁四 囉佐耶五 怛他羯他耶六 怛

南謨薄伽勃底一　阿波唎蜜哆二　阿喻紇硯娜三　須毗你悉指陁四　囉佐耶五　怛他羯他耶六　怛
姪他唵七　薩婆桒悉迦羅八　波唎輸底九　達磨底十　伽伽娜十一　莎訶某持迦底十二　薩婆婆毗輸
底十三　摩訶娜耶十四　波唎婆唎莎訶十五
若有自書寫教人書寫是无量壽宗要經受持讀誦若魔〻之眷屬夜叉羅剎不得其便終无枉死陁羅尼曰
南謨薄伽勃底一　阿波唎蜜哆二　阿喻紇硯娜三　須毗你悉指陁四　囉佐耶五　怛他羯他耶六　怛
姪他唵七　薩婆桒悉迦羅八　波唎輸底九　達磨底十　伽伽娜十一　莎訶某持迦底十二
薩婆婆毗輸底十三　摩訶娜耶十四　波唎婆唎莎訶十五
若有自書寫教人書寫是无量壽宗要經受持讀誦當命終時有九十九殑伽佛現其人前來千佛授
手能遊一切佛剎莫於此經生於疑惑陁羅尼曰
南謨薄伽勃底一　阿波唎蜜哆二　阿喻紇硯娜三　須毗你悉指陁四　囉佐耶五　怛他羯他耶六
怛姪他唵七　薩婆桒悉迦羅八　波唎輸底九　達磨底十　伽伽娜十一　莎訶某持迦底十二
薩婆婆毗輸底十三　摩訶娜耶十四　波唎婆唎莎訶十五
若有自書寫教人書寫是无量壽宗要經受持讀誦常得四天大王隨其衛護陁羅尼曰
南謨薄伽勃底一　阿波唎蜜哆二　阿喻紇硯娜三　須毗你悉指陁四　囉佐耶五　怛他羯他耶六
怛姪他唵七　薩婆桒悉迦羅八　波唎輸底九　達磨底十　伽伽娜十一　莎訶某持迦底十二

怛姪他唵七　薩婆桒悉迦囉八　波唎輸底九　達磨底十　伽伽娜十一　莎訶莫持迦底十二

薩婆婆毗輸底十三　摩訶娜耶十四　波唎婆唎莎訶十五

若有自書寫教人書寫是无量壽宗要經讀誦者當得往生西方極樂世界阿彌陁淨土陁羅尼曰

南謨薄伽勃底一　阿波唎蜜哆二　阿喻紇硯娜三　須毗你悉指陁四　囉佐耶五　怛他羯他耶六

怛姪他唵七　薩婆桒悉迦囉八　波唎輸底九　達磨底十　伽伽娜十一　莎訶莫持迦底十二

薩婆婆毗輸底十三　摩訶娜耶十四　波唎婆唎莎訶十五

若有自書寫教人書寫是无量壽經典之處即為是塔皆應恭敬作禮若是畜生或為鳥獸得聞是

經是等類皆當不久得成一切陁羅尼曰

南謨薄伽勃底一　阿波唎蜜哆二　阿喻紇硯娜三　須毗你悉指陁四　囉佐耶五　怛他羯他耶六

怛姪他唵七　薩婆桒悉迦囉八　波唎輸底九　達磨底十　伽伽娜十一　莎訶莫持迦底十二

薩婆婆毗輸底十三　摩訶娜耶十四　波唎婆唎莎訶十五

若有於是无量壽自書若使人書畢竟不受女人之身陁羅尼曰

南謨薄伽勃底一　阿波唎蜜哆二　阿喻紇硯娜三　須毗你悉指陁四　囉佐耶五　怛他羯他耶六

怛姪他唵七　薩婆桒悉迦囉八　波唎輸底九　達磨底十　伽伽娜十一　莎訶莫持迦底十二

薩婆婆毗輸底十三　摩訶娜耶十四　波唎婆唎莎訶十五

若有於是經少分能惠施者等於三千大千世界滿中七寶布施陁羅尼曰

薩婆婆毗輸底十三　摩訶娜耶十四　波唎波唎莎訶十五
若有能於是經少分能惠施者等於三千大千世界滿中七寶布施陁羅尼曰
南謨薄伽勃底一　阿波唎蜜哆二　阿喻紇硯娜三　須毗你志楷陁四　囉佐耶五　怛他羯他耶六　怛
姪他唵七　薩婆桑悉迦囉八　波唎輸底九　達磨底十　伽伽娜十一　莎訶娜其持迦底十二
薩婆婆毗輸底十三　摩訶娜耶十四　波唎波唎莎訶十五
若有能於供養是經者則是供養一切諸經等无有異陁羅尼曰　南謨薄伽勃底一
阿波唎蜜哆二　阿喻紇硯娜三　須毗你志楷陁四　囉佐耶五　怛他羯他耶六　怛姪他唵七　薩婆桑悉迦囉八
波唎輸底九　達磨底十　伽伽娜十一　莎訶其持迦底十二　薩婆婆毗輸底十三　摩訶娜耶十四　波唎婆唎莎訶十五
如是毗婆尸佛　尸弃佛　俱舍浮佛　俱留孫佛　俱那含牟尼佛　迦葉佛　釋迦牟尼佛
若有人以七寶供養如是七佛其福有限書寫受持是无量壽經典所有功德不可限量陁羅尼曰
南謨薄伽勃底一　阿波唎蜜哆二　阿喻紇硯娜三　須毗你志楷陁四　囉佐耶五　怛他羯他耶六
怛姪他唵七　薩婆桑悉迦囉八　波唎輸底九　達磨底十　伽伽娜十一　莎訶其持迦底十二
薩婆婆毗輸底十三　摩訶娜耶十四　波唎婆唎莎訶十五
若有七寶等於須弥以用布施其福上能知其限量是无量壽經典其福不可知數陁羅尼曰
南謨薄伽勃底一　阿波唎蜜哆二　阿喻紇硯娜三　須毗你志楷陁四　囉佐耶五　怛他羯他耶六
怛姪他唵七　薩婆桑悉迦囉八　波唎輸底九　達磨底十　伽伽娜十一　莎訶其持迦底十二

怛姪他唵七　薩婆桑悉迦囉八　波唎輸底九　達磨底十　伽伽娜十一　莎訶某特迦底十二

薩婆婆毗輸底十三　摩訶娜耶十四　波唎婆唎莎訶十五

如是四大海水可知滴數是无量壽經典所生果報不可數量陁羅尼曰

南謨薄伽勃底一　阿波唎蜜哆二　阿喻紇硯娜三　須毗你悉指陁四　囉佐耶五　怛他羯他耶六

怛姪他唵七　薩婆桑悉迦囉八　波唎輸底九　達磨底十　伽伽娜十一　莎訶某特迦底十二

薩婆婆毗輸底十三　摩訶娜耶十四　波唎婆唎莎訶十五

若有自書使人書寫是无量壽經典又能護持供養即如恭敬供養一切十方佛土如來无有別異陁羅尼曰

南謨薄伽勃底一　阿波唎蜜哆二　阿喻紇硯娜三　須毗你悉指陁四　囉佐耶五　怛他羯他耶六

怛姪他唵七　薩婆桑悉迦囉八　波唎輸底九　達磨底十　伽伽娜十一　莎訶某特迦底十二

薩婆婆毗輸底十三　摩訶娜耶十四　波唎婆唎莎訶十五

布施力能成正覺　悟布施力人師子　布施力能聲普聞　慈悲階漸能冣入

持戒力能成正覺　悟持戒力人師子　持戒力能聲普聞　慈悲階漸冣能入

忍辱力能成正覺　悟忍辱力人師子　忍辱力能聲普聞　慈悲階漸冣能入

精進力能成正覺　悟精進力人師子　精進力能聲普聞　慈悲階漸冣能入

禪定力能成正覺　悟禪定力人師子　禪定力能聲普聞　慈悲階漸冣能入

智慧力能成正覺　悟智慧力人師子　智慧力能聲普聞　慈悲階漸冣能入

智慧力能成正覺　悟智慧力人師子　智慧力能聲普聞　慈悲精進威能入

尒時如來說是經已一切世間天人阿脩羅揵闥等聞佛所說皆大歡喜信

受奉行

佛說无量壽宗要經

BD01055 大般涅槃經卷一九

（北凉）曇無讖 譯

41.1cm × 27.3cm

右佛所頭面礼足却坐一面白佛言
世尊天人之中誰爲繫縛憍尸迦慳貪嫉妬
又言慳貪嫉妬因何而生荅言因无明生又
復因何生荅言因顛倒生又言顛倒復因何
生荅言因疑心生世尊顛倒之法因疑生者
實如聖教何以故我有疑心以疑心故則生
顛倒於非世尊生世尊想我今見佛疑网即
除疑网除故顛倒亦盡顛倒盡故无有慳心
乃至妬心佛言汝言无有慳妬心者汝今已
得阿那含耶阿那含者无有貪心若无貪心
云何爲命來至我所而阿那含實不求命世
尊有顛倒者則有求命无顛倒者則不求命
然我今者實不求命所欲求者唯佛法身及
佛智慧憍尸迦求佛法身及佛慧者將來之
世必當得之尒時帝釋聞佛說已五衰受相

即時消滅便起作礼遶佛三匝恭敬合掌而
白佛言世尊我今即死即生失命得命又聞
佛記當得阿耨多羅三藐三菩提是爲更生
爲更得命世尊一切人天云何增益以何
緣而致損減憍尸迦鬪諍因緣人天損減善
脩和敬則得增長世尊若以鬪諍而損減者
我從今日更不復與阿脩羅戰佛言善哉善
哉憍尸迦諸佛世尊說忍辱法是阿耨多羅

BD01056 妙法蓮華經卷二

（後秦）鳩摩羅什 譯

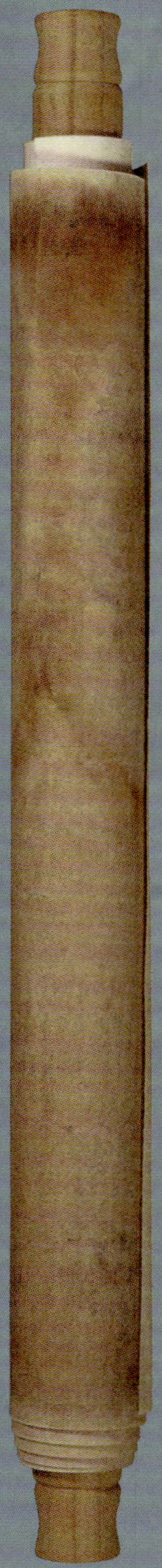

96.4cm × 27.6cm

以是於日夜　籌量如此事　今聞佛音聲　隨宜而說法
无漏難思議　令衆至道場　我本著邪見　為諸梵志師
世尊知我心　拔邪說涅槃　我悉除邪見　於空法得證
尒時心自謂　得至於滅度　而今乃自覺　非是實滅度
若得作佛時　具三十二相　天人夜叉衆　龍神等恭敬
是時乃可謂　永盡滅无餘　佛於大衆中　說我當作佛
聞如是法音　疑悔悉已除　初聞佛所說　心中大驚疑
將非魔作佛　惱亂我心耶　佛以種種緣　譬喻巧言說
其心安如海　我聞疑網斷　佛說過去世　无量滅度佛
安住方便中　亦皆說是法　現在未來佛　其數无有量
亦以諸方便　演說如是法　如今者世尊　從生及出家
得道轉法輪　亦以方便說　世尊說實道　波旬无此事
以是我定知　非是魔作佛　我墮疑網故　謂是魔所為
聞佛柔軟音　深遠甚微妙　演暢清淨法　我心大歡喜

（3-1）

疑悔悉已盡　安住實智中　我定當作佛　為天人所敬
轉无上法輪　教化諸菩薩
尒時佛告舍利弗吾今於天人沙門婆羅門
等大衆中説我昔曾於二万億佛所為无上
道故常教化汝汝亦長夜隨我受學我以方
便引導汝故生我法中舍利弗我昔教汝志
願佛道汝今悉忘而便自謂已得滅度我今
還欲令汝憶念本願所行道故為諸聲聞説
是大乘經名妙法蓮華教菩薩法佛所護念
舍利弗汝於未來世過无量无邊不可思議
劫供養若干千万億佛奉持正法具足菩薩
所行之道當得作佛号曰華光如來應供正
遍知明行足善逝世間解无上士調御丈夫天
人師佛世尊國名離垢其土平正清淨嚴

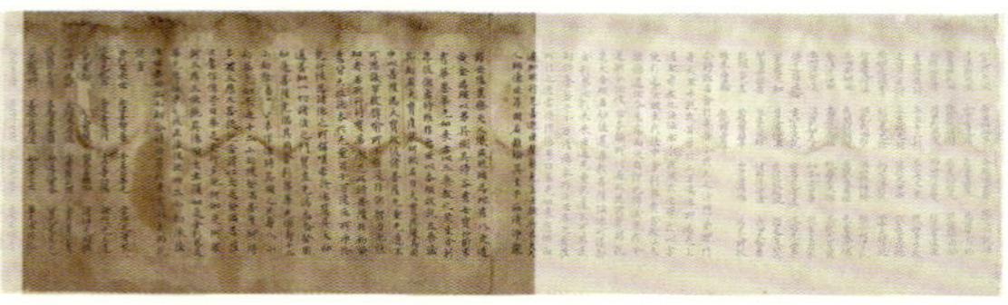

人師佛世尊國名離垢其土平正清淨嚴
飾安隱豐樂天人熾盛琉璃為地有八交道
黃金為繩以界其側其傍各有七寶行樹常
有華菓華光如來亦以三乘教化衆生舍利
弗彼佛出時雖非惡世以本願故說三乘法
其劫名大寶莊嚴何故名曰大寶莊嚴其國
中以菩薩為大寶故彼諸菩薩无量无邊不
可思議筭數譬喻所不能及非佛智力无能
知者若欲行時寶華承足此諸菩薩非初發
意皆久殖德本於无量百千万億佛所淨脩
梵行恒為諸佛之所稱嘆常脩佛慧具大神
通善知一切諸法之門質直无偽志念堅固
如是菩薩充滿其國舍利弗華光佛壽十二

小劫除爲王子未作佛時其國人民壽八小
劫華光如來過十二小劫授堅滿菩薩阿耨
多羅三藐三菩提記告諸比丘是堅滿菩薩
次當作佛号曰華足安行多陁阿伽度阿羅
訶三藐三佛陁其佛國土亦復如是舍利弗是
華光佛滅度之後正法住世卅二小劫像法
住世亦卅二小劫尒時世尊欲重宣此義而說
偈言

舍利弗來世　成佛普智尊　号名曰華光　當度无量衆
供養无數佛　具足菩薩行　十力等功德　證於无上道
過无量劫已　劫名大寶嚴　世界名離垢　清淨无瑕穢
以琉璃爲地　金繩界其道　七寶雜色樹　常有華菓實
彼國諸菩薩　志念常堅固　神通波羅蜜　皆已悉具足
於无數佛所　善學菩薩道　如是等大士　華光佛所化

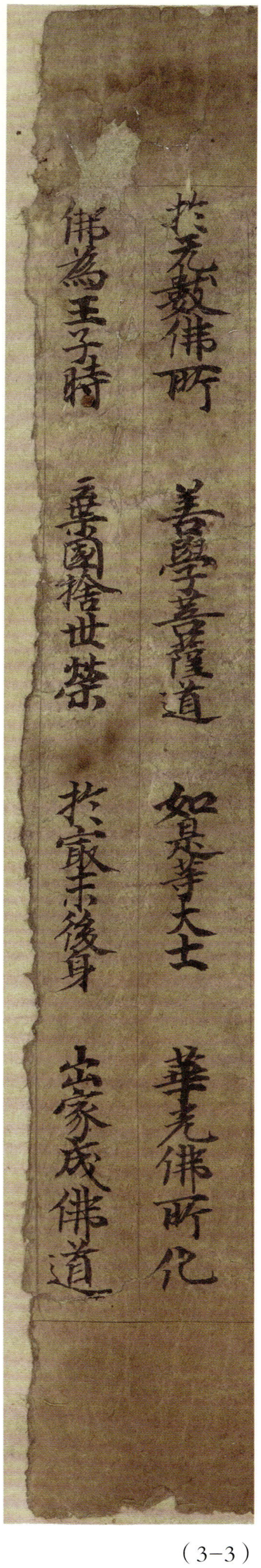

於無數佛所　善學菩薩道　如是等大士　華光佛所化
佛爲王子時　棄國捨世榮　於最末後身　出家成佛道

BD01057　大般若波羅蜜多經卷四六五

（唐）玄奘 譯

190.7cm × 26cm

善現復問云何為二云何為不二世尊告曰
色想乃至識想為二色想空乃至識想空為
不二眼處想乃至意處想為二眼處想空乃
至意處想空為不二色處想乃至法處想為
二色處想空乃至法處想空為不二眼界想
乃至意界想為二眼界想空乃至意界想空
為不二色界想乃至法界想為二色界想空
乃至法界想空為不二眼識界想乃至意識
界想為二眼識界想空乃至意識界想空為
不二眼觸想乃至意觸想為二眼觸想空乃
至意觸想空為不二眼觸為緣所生諸受想
乃至意觸為緣所生諸受想為二眼觸為緣
所生諸受想空乃至意觸為緣所生諸受想
空為不二地界想乃至識界想為二地界想

空乃至諸界想空爲不二因緣想乃至增上
緣想爲二因緣想空乃至增上緣相空爲不
二無明想乃至老死想爲二無明想空乃至
老死想空爲不二布施波羅蜜多想乃至般
若波羅蜜多想爲二布施波羅蜜多想空乃
至般若波羅蜜多想空爲不二内空想乃至
無性自性空想爲二内空想空乃至無性自
性空想空爲不二真如想乃至不思議界想
爲二真如想空乃至不思議界想空爲不二
苦集滅道聖諦想爲二苦集滅道聖諦想空
爲不二四念住想乃至八聖道支想爲二四
念住想空乃至八聖道支想空爲不二四静
慮四無量四無色定想爲二四静慮四無量
四無色定想空爲不二八解脱想乃至十遍

四無色定想空爲不二八解脫想乃至十遍
處想爲二八解脫想空乃至十遍處想空爲
不二空無想無願解脫門想爲二空無相無
願解脫門想空爲不二淨觀地想乃至如來
地想爲二淨觀地想空乃至如來地想空爲
不二極喜地想乃至法雲地想爲二極喜地
想空乃至法雲地想空爲不二陀羅尼門三
摩地門想爲二陀羅尼門三摩地門想空爲
不二五眼六神通想爲二五眼六神通　想空
爲不二如來十力想乃至十八佛不共　法想
爲二如來十力想空乃至十八佛不共法想
空爲不二三十二大士想八十隨好想爲二
三十二大士想八十隨好想空爲不二無忘
失法恒住捨性想爲二無忘失法恒住捨性

想空為不二一切智道相智一切相智想空為
二一切智道相智一切相智想空為不二預
流果想乃至獨覺菩提想為二預流果想空
乃至獨覺菩提想空為不二一切菩薩摩訶
薩行諸佛無上正等菩提想為二一切菩薩
摩訶薩行諸佛無上正等菩提想空為不二
有為界無為界想為二有為界無為界想空
為不二善現乃至一切想皆為二乃至一切
二皆是有乃至一切有皆有生死有生死者
不能解脫生老病死愁歎苦憂惱善現諸想
空者皆為不二諸不二者皆是非有諸非有
者皆無生死無生死者便能解脫生老病死
愁歎苦憂惱善現由是因緣當知一切有二
想者定無布施淨戒安忍精進靜慮般若波
[illegible]無得無見[illegible]

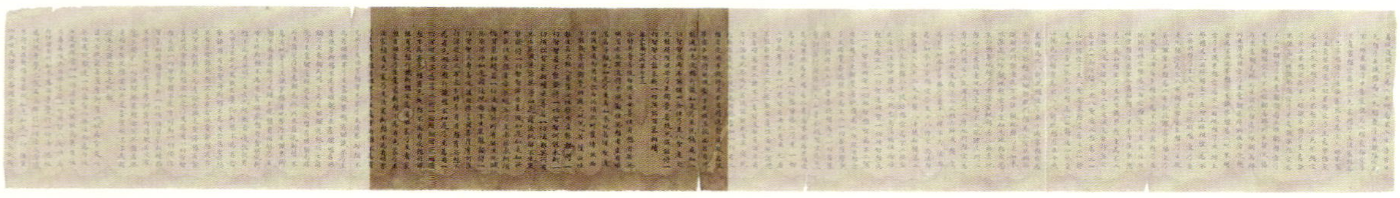

想者定無布施淨戒安忍精進靜慮般若波
羅蜜多無得無現觀下至順忍彼尚非有況
能遍知色受想行識如是乃至況能遍知一
切智智彼尚不能脩四念住乃至八聖道支
況能得預流果乃至獨覺菩提況復能得一
切智智及能永斷一切煩惱習氣相續
第二分漸次品第七十三
尒時具壽善現白佛言世尊住有想者若無
順忍亦無脩道得果現觀住無想者豈有順
忍若淨觀地如是乃至若如來地若脩聖道
因脩聖道斷諸煩惱由此煩惱所覆障故尚
不能證聲聞獨覺相應之地況入菩薩正性
離生若不能入菩薩正性離生豈能證得一
切智智若不能證得一切智智可能永斷

切煩惱習氣相續世尊若一切法者無所有
無生無滅無染無淨如是諸法既都不生豈
能證得一切智智佛告善現如是如是如汝
所說住無想者亦無順忍乃至亦無永斷煩
惱習氣相續若一切法都無所有無生無滅
無染無淨如是諸法既都不生豈能證得一
切智智具壽善現復白佛言諸菩薩摩訶薩
行深般若波羅蜜多時為有有想有無想不
為有色想受想行識想不如是乃至為有一
切智智想不為有永斷一切煩惱習氣相續
想不為有色想有色斷想不為有受想行識
想有受想行識斷想不為有眼處乃至意處
想有眼處乃至意處斷想不為有色處乃至
法處想有色處乃至法處斷想不為有眼界
乃至意界想有眼界乃至意界斷想不為有

法處想有色處乃至法處斷想不為有眼界
乃至意界想有眼界乃至意界斷想不為有
色界乃至法界想有色界乃至法界斷想不
為有眼識界乃至意識界想有眼識界乃至
意識界斷想不為有眼觸乃至意觸想有眼
觸乃至意觸斷想不為有眼觸為緣所生諸
受乃至意觸為緣所生諸受想有眼觸為緣
所生諸受乃至意觸為緣所生諸受斷想不
為有地界乃至識界想有地界乃至識界斷
想不為有因緣乃至增上緣想有因緣乃至
增上緣斷想不為有貪瞋癡想有貪瞋癡斷
想不為有無明乃至老死愁歎苦憂惱想有
無明乃至老死愁歎苦憂惱斷想不為有苦
聖諦想有苦聖諦斷想不為有苦集聖諦想

有苦集聖諦斷想不為有苦滅聖諦想有苦
滅聖諦斷想不為有證苦滅道聖諦想有證
苦滅道聖諦斷想不如是乃至為有一切智智
想有證一切智智想不為有所斷一切煩惱
習氣相續想有永斷一切煩惱習氣相續想
不佛告善現諸菩薩摩訶薩行深般若波羅
蜜多時於一切法皆無有想亦無無想若無
有想亦無無想當知即是菩薩順忍亦是脩
道亦是得果亦是現觀
復次善現諸菩薩摩訶薩以無性為聖道以
無性為現觀達一切法皆以無性而為自性
由是因緣當知一切法皆以無性為其自性
具壽善現即白佛言若一切法皆以無性為
自性者云何如來應正等覺於一切法無性
為性現等覺已說名為佛於一切法及諸境

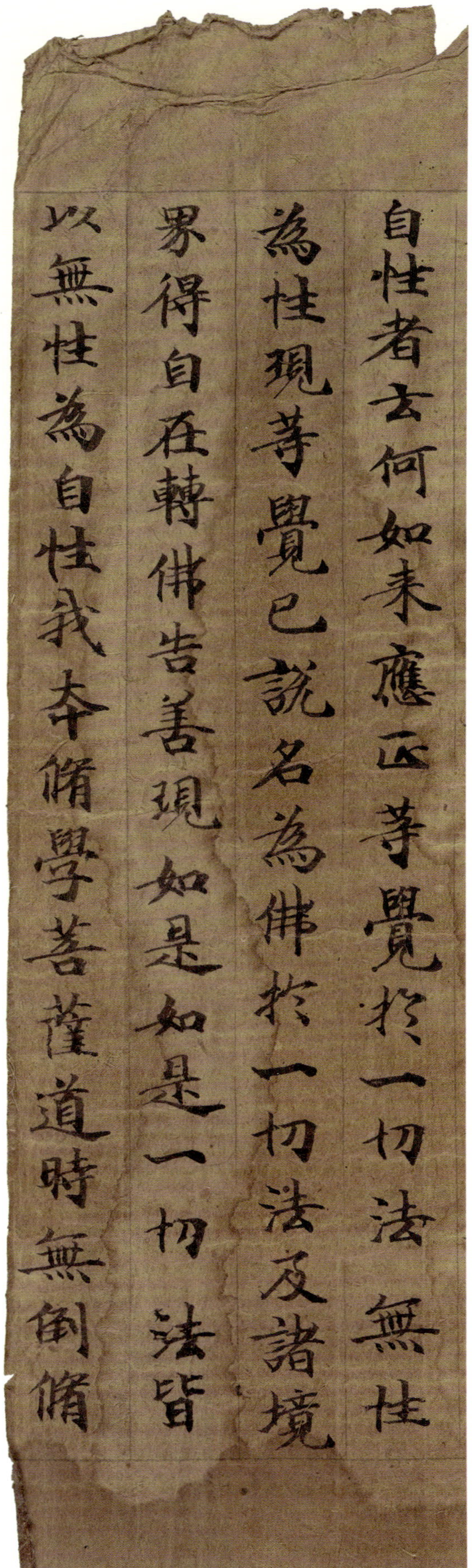

自性者云何如來應正等覺於一切法無性
爲性現等覺已說名爲佛於一切法及諸境
界得自在轉佛告善現如是如是一切法皆
以無性爲自性我本脩學菩薩道時無倒脩

BD01058　佛名經（十六卷本）卷三

1016cm × 25.8cm

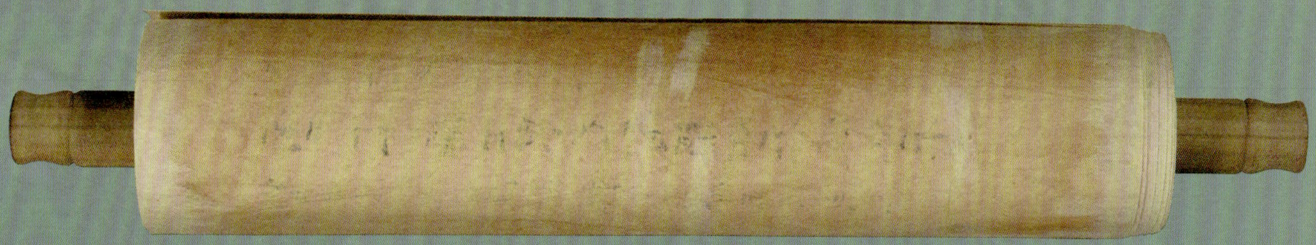

摩睺菩薩阿耨多羅三藐三菩提記
南无波頭摩住世界名智住如来彼如来授
名寶滿足菩薩阿耨多羅三藐三菩提記
南无智力世界名釋迦牟尼如来彼如来授名
寶牟尼菩薩阿耨多羅三藐三菩提記
南无十方稱世界名智稱如来彼如来授名
无邊精進菩薩阿耨多羅三藐三菩授記
南无喜世界名堅自在王如来彼如来授名
寶堅菩薩阿耨多羅三藐三菩提記
南无月世界名寶莎羅如来彼如来授名
音香菩薩阿耨多羅三藐三菩提記
南无娑婆世界名大勝如来彼如来授名大
勝天王菩薩阿耨多羅三藐三菩提記

南无一蓋世界名寶輪如来彼如来授名星
宿鬘菩薩阿耨多羅三藐三菩提記
南无過一切憂障世界名不空説如来彼如来
授名不空説菩薩阿耨多羅三藐三菩提記
南无遠離憂惱世界名功德成就如来彼如来
授名无邊勝威德菩薩阿耨多羅三藐三菩提記
南无寂靜世界名稱王如来彼如来授名勇
德菩薩阿耨多羅三藐三菩提記
南无不空見世界名不空見奮迅如来彼如来
授名不空發行菩薩阿耨多羅三藐三菩提記
南无香世界名香光明如来彼如来授名寶
藏菩薩阿耨多羅三藐三菩提記
南无无量吼聲世界名无障导如来彼如来
授名无分別發行菩薩阿耨多羅三藐三菩提記

授名无分别發行菩薩阿耨多羅三藐三菩提記
南无月輪光明世界名稱力王如来彼如来授名
智稱菩薩阿耨多羅三藐三菩提記
南无寶輪世界名寶上勝如来彼如来授名
大導師菩薩阿耨多羅三藐三菩提記
南无寶輪世界名善眼如来彼如来授名藥
行菩薩阿耨多羅三藐三菩提記
南无法世界名波頭摩勝如来彼如来授名
大法菩薩阿耨多羅三藐三菩提記
南无名須弥頂上王如来彼如来授名智力
菩薩阿耨多羅三藐三菩提記
南无名波頭摩勝如来彼如来授名勝得菩
薩阿耨多羅三藐三菩提記
南无陁羅尼輪世界名香光明如来彼如来受

名隨羅彦自在王菩薩阿耨多羅三藐三菩提記
南无金光明世界名十方稱發如来彼如来授
名智稱發行菩薩阿耨多羅三藐三菩提記
南无智起世界名普清淨增上雲聲王如来彼
如来授名星宿王菩薩阿耨多羅三藐三菩提記
南无常光明世界名无量光明如来彼如来授
名大光明菩薩阿耨多羅三藐三菩提記
南无燃燈世界名无量智成如来彼如来授
名功德王光明菩薩阿耨多羅三藐三菩提記
南无然燈作世界名无量種奮迅如来彼如来
授名无障导菩薩阿耨多羅三藐三菩提記
南无種種幢世界名上首如来彼如来授名那
延菩薩阿耨多羅三藐三菩提記
南无十方稱世界名佛花成就勝如来彼如来

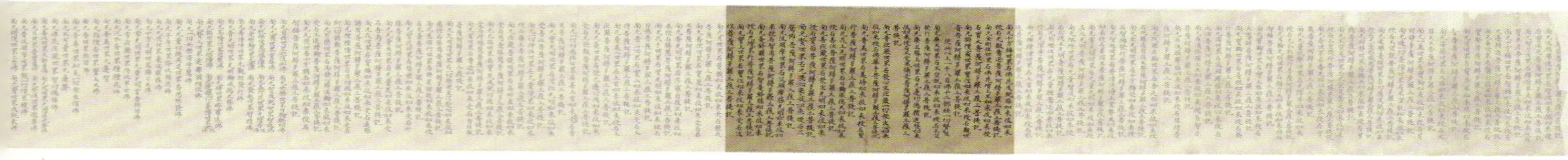

南无十方稱世界名佛花茂眈滕如来彼如来
授名无猷奮迅菩薩阿耨多羅三藐三菩提記
南无金剛住世界名佛花增上王如来彼如来授
名寶大菩薩阿耨多羅三藐三菩提記
南无旃檀窟世界寶住如来彼如来授名觀世
音菩薩阿耨多羅三藐三菩提記
從此以上一千八百佛十二部經一切賢聖
南无藥王世界名不空説如来彼如来授名不空
發行菩薩阿耨多羅三藐三菩提記
南无藥王滕上世界名无邊功德精進發如来
彼如来授名不受惑攝受菩薩阿耨多羅三藐三
菩提記
南无普莊嚴世界名發心生莊嚴一切衆生心如来
彼如来授名佛華手菩薩阿耨多羅三藐三菩提記

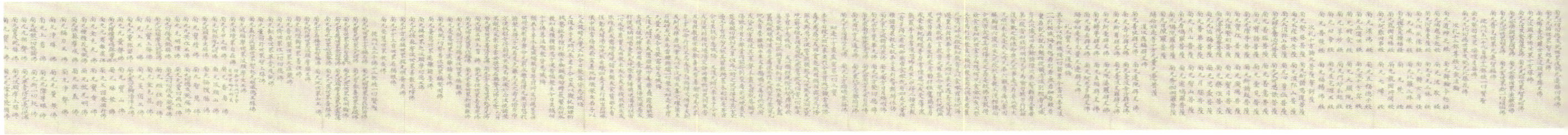

南无普蓋世界名蓋鵄如来彼如来授名寶
行菩薩阿耨多羅三藐三菩提記
南无花上光明世界名日輪威德王如来彼如来
授名善住菩薩阿耨多羅三藐三菩提記
南无善莊嚴世界名衆生光明如来彼如来
授名寶面菩薩阿耨多羅三藐三菩提記
南无賢世界名无畏如来彼如来授名不
驚怖菩薩阿耨多羅三藐三菩提記
南无波頭摩世界名波頭摩勝光明如来彼如
来授名智爲菩薩阿耨多羅三藐三菩提記
南无憂鉢羅世界名智憂鉢勝如来彼如来
授名无境界行菩薩阿耨多羅三藐三菩提記
南无寶上世界名寶住如来彼如来受名法
住菩薩阿耨多羅三藐三菩提記

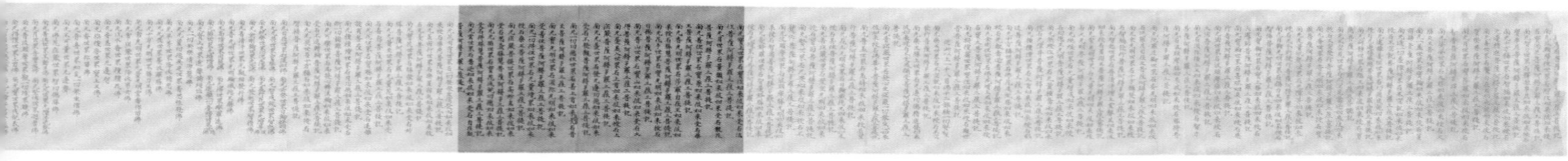

南无寶上世界名寶作如来彼如来受名法
作菩薩阿耨多羅三藐三菩提記
南无月世界名量顛如来彼如来受名散花
菩薩阿耨多羅三藐三菩提記
南无善住世界名寶聚如来彼如来受名藥
王菩薩阿耨多羅三藐三菩提記
南无香光明世界名莎羅自在王如来彼如
来授名勝慧菩薩阿耨多羅三藐三菩提記
南无花手世界名寶光明如来彼如来授名
日德菩薩阿耨多羅三藐三菩提記
南无普山世界名寶山如来彼如来受名大
得菩薩阿耨多羅三藐三菩提記
南无憂蓋入世界名上首如来彼如来授名上
主嚴菩薩阿耨多羅三藐三菩提記

南无憂世界名發无邊功德如来彼如来
受名不發觀菩薩阿耨多羅三藐三菩提記
南无一切功德住世界名善上首如来彼如来受名普
至菩薩阿耨多羅三藐三菩提記
南无寶光明世界名須弥光明如来彼如来
受善住菩薩阿耨多羅三藐三菩提記
南无一切得住世界名无量境界如来彼如来
授名藥王菩薩阿耨多羅三藐三菩提記
南无莊嚴菩提世界名高妙去如来彼如来
受名思益勝慧菩薩阿耨多三藐三菩提記
南无无垢世界名寶花成就功德如来彼如来
受名得勝慧菩薩阿耨多羅三藐三菩提記
南无雲世界名奮迅如来彼如来受名自在觀
音菩薩阿耨多羅三藐三菩提記

南无雲世界名奮迅如来彼如来受名自在觀
菩薩阿耨多羅三藐三菩提記
南无花因霞世界名一切發衆生信發心如来彼如
来授名滕惠菩薩阿耨多羅三藐三菩提記
南无星宿行世界名樂星宿起如来彼如来授
名无憂菩薩阿耨多羅三藐三菩提記
南无寶花世界名滕衆如来彼如来受名妙
滕菩薩阿耨多羅三藐三菩提記
南无无量至世界名无量花如来彼如来受
名香為菩薩阿耨多羅三藐三菩提記
南无花世界名寶滕如来彼如来受名遠離
諸有菩薩阿耨多羅三藐三菩提記
南无種種幢世界名月功德如来彼如来受名
斷一切諸難菩薩阿耨多羅三藐三菩提記

南无可樂世界名曰發心轉法輪如來彼如来

受名不退轉輪菩薩阿耨多羅三藐三菩提記

南无无畏世名十方稱名如来彼如来授名

智稱菩薩阿耨多羅三藐三菩提記

南无自在世界迦陵伽佛　南无安樂世界日輪燈明佛

南无无畏世界寶勝佛　南无智成就世界智起佛

南无純樂世界功德王住佛　南无蓋行花世界无障导眼佛

南无金剛輪世界无畏佛　南无發起世界智積佛

南无善清淨世界无觀相發行佛

南无普光明世界光明輪威德王勝佛

南无高憧世界因慧佛　南无得世界那羅延佛

南无垢世界无垢憧佛　南无遠離一切憂障世界安隱佛

南无賢上世界遠離諸煩惱佛

南无一切

南无賢上世界遠離諸煩惱佛
南无一切安樂清淨慧佛
南无无量功德具足世界善思惟發佛
南无平等世界降伏諸惡佛
南无无畏世界憂波羅勝佛
南无十方光明世界勝力王佛
南无常光明世界无量光明雲香弥留佛
南无常莊嚴世界降伏男女佛
南无沉水香世界種種花佛
南无香蓋世界无邊智
南无旃檀香世界寶上王佛
南无香世界弥留佛
南无普喜世界知見一切衆生信佛
南无不可量世界无邊聲

南无佛花莊嚴世界智功德勝佛
南无善住世界不動出佛　南无花世界无障㝵吼聲佛
南无月世界普寶蓋佛　南无堅住世界迦葉佛
南无普波頭摩世界觀一切境界鏡佛
南无旃檀世界上首佛　南无寶世界成就義佛
南无有月世界成就勝佛　南无无障㝵世界名稱佛
南无安樂世界斷一切疑佛　南无王世界智勝佛
南无普畏世界月佛　南无種種成就世界功德徵佛
南无種種花世界星宿王佛　南无廣世界无量幢佛
南无羅网世界羅网光明佛　南无无驚怖世界淨聲佛
南无可樂世界現寶勝佛　南无離觀世界一切法无所發佛
南无常稱世界不斷一切衆生發行佛
南无常歡喜世界无量奮迅佛
南无普鏡世界建一切去佛　南无等照世界普見一切佛

南无常歡喜世界无量奮迅佛
南无普鏡世界達一切法佛 南无普照世界普見一切佛
南无一切功德成就世界成就无邊勝功德佛
南无无垢世界智起光佛
南无怖憂鉢羅世界波頭摩勝王佛
南无波頭摩怖世界十方勝佛
南无天世界堅固衆生佛 南无光明世界智光明佛
南无安樂調世界脩智佛 南无安樂世界遠離胎佛
南无无染世界明王佛 南无雲世界斷一切煩惱佛
南无普色世界无邊智稱佛
從此以上一千九百佛十二部經一切賢聖
南无堅固世界旃檀屋勝佛
南无无比功德世界成就无比勝花佛
次礼十二部尊經大藏法輪

南无道神足経
南无轉輪本起経
南无瑞應本起経
南无法敎経
南无阿鼻曇薩経
南无日光三昧経
南无作形像経
南无轉女身経
南无威儀経
南无比羅三昧経
南无旋食五種福経
南无梵経
南无龍樹因緣経
南无龍樹所問経
南无阿難四事経
南无七婦経
南无灌佛経
南无五福德子経
南无五濁世経
南无滅十方冥経
南无時食経
南无大頭陁経
南无孚妙経
南无門妙尒起経
南无四帝経
南无居宅迴王経
南无[illegible]経
南[illegible]経

南无四帝經　南无尼宅迴王經
南无菩提經　南无稱楊佛經
次礼十方諸大菩薩摩訶薩
南无堅勝菩薩　南无斷諸惡道菩薩
南无不疲惓菩薩　南无須弥山菩薩
南无大須弥山菩薩　南无心勇猛菩薩
南无師子奮迅行菩薩　南无不可思議菩薩
南无善勝菩薩　南无善意菩薩
南无寶語菩薩　南无愛見菩薩
南无无障导菩薩　南无斷諸疑菩薩
南无寶住菩薩　南无廣德菩薩
南无讃賢劫菩薩　南无寶月菩薩
南无湧陁婆香菩薩　南无樂住菩薩
南无无垢稱菩薩　南无思益菩薩

南无普華菩薩　南无月勝菩薩

南无月山菩薩　南无智山菩薩

南无君雋羅菩薩　南无遠雋羅菩薩

南无雋陁羅菩薩　南无秀伽伽羅菩薩

南无日陳羅菩薩

歸命如是等十方无量无邊菩薩

復次應稱辟支佛

南无善快辟支佛　南无違陁辟支佛

南无吉沙辟支佛　南无憂波吉沙辟支佛

南无斷有辟支佛　南无憂波支羅辟支佛

南无斷愛辟支佛　南无陁婆羅辟支佛

南无轉覺辟支佛　南无去垢辟支佛

南无高去辟支佛　南无阿悉多辟支佛

歸命如是等无量无邊辟支佛

歸命如是等无量无邊辟支佛
礼三寶已次復懺悔
弟子今以捴相懺悔一切諸業今當次第更復
一一別相懺悔若捴若別若麤若細若輕若
重若說不說品類相從願皆消滅別相者先懺
身三次懺口四其餘諸障次第稽顙身三業者
第一殺害如經所明恕己可為喻勿煞勿行杖雖
復禽獸之殊保命畏死其事是一若尋此衆生
无始以来或是我父母兄弟六親眷屬以業因
緣輪迴六道出生入死改形易報不復相識而
今興害食噉其肉傷慈之甚是故佛言設得
餘食當知飢世食子肉想何況食噉此魚肉耶
又言為利煞衆生以錢納衆生肉二俱是惡業
死墮叫呼地獄故知殺害及以食噉罪深河海

遏重丘岳煞弟子等无始以來不遇善友皆爲
此業是故經言殺害之罪能令衆生墮於地獄餓
鬼受苦若在畜生則受虎豹豺狼鷹鷂等身
或受毒虵蝮蝎等身常懷惡心或受麞鹿
熊羆等身常懷恐怖若生人中得二種果報
一者多病二者斷命煞害食噉既有如是无量種
種諸惡果報是故弟子至到稽顙歸依佛
南无東方滅諸怖畏佛　南无南方日月燈明佛
南无西方覺華光佛　南无北方發切德佛
南无東南方除衆感冥佛　南无西南方无生自在佛
南无西北方大通王佛　南无東北方空離垢心佛
南无下方同像空无佛　南无上方瑠璃藏勝佛
如是十方盡虛空界一切三寶
弟子自從无始以來至於今日有此心識常懷衆

如是十方盡虛空界一切三寶
弟子自從无始以来至於今日有此心識常懷慘
毒无慈愍心或因貪起煞因瞋因癡因及以慢
煞或興惡方便誓煞願煞及以呪煞或決湖池焚
燒山野田獵魚捕或因放風火飛鷹放犬惱害一切如是
等罪今悉懺悔　或以檻穽杌撥扠弩戟弓彈射飛
鳥走獸之類以罛網罾鉤料渡水性魚鱉黿
鼉蝦蜆螺蜯濕居之屬使水陸之與空行藏竄无
地或畜養雞豬牛羊犬豕鵝鴨之屬自供庖廚
或貨他宰殺使其哀聲未盡毛羽脫落鱗甲
傷毀身首分離骨肉銷碎剝裂屠割炮燒煮炙
楚毒酸切橫加无辜但取一時之快口得味甚寡不
過三寸舌根而已然其罪報殃累永劫如是等罪
今日至誠皆悉懺悔　又復无始以来至于今日

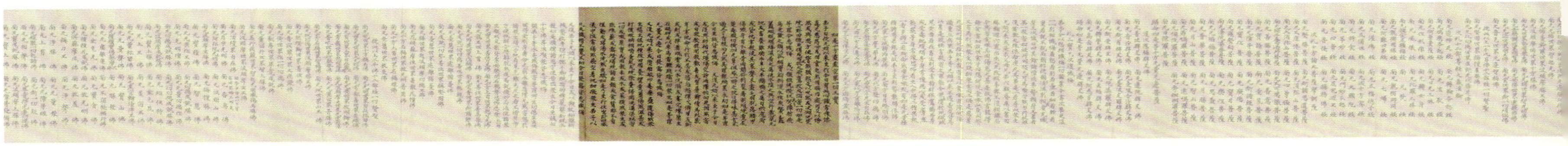

或復興師相伐壃埸交諍兩陣相向更相煞害
或自殺教殺聞殺歡喜或習屠膾債爲刑戮
烹宰他命行於不忍或恣忿怒揮戈舞刃或斬
或刾或椎着坑塹或以水沉溺或塞穴壞巢土
石塠砷或以車馬雷轢踐蹹一切衆生如是等罪
无量无邊今日發露皆悉懺悔
又復无始以来或墮胎破卵毒藥蠱道傷煞衆
生墾土掘地種殖田園養蠶煮繭傷煞滋甚或
打撲蚊蚋掐嚙蚤虱或燒除糞掃開决溝渠枉害
一切或噉菓實或用穀米或水或菜橫煞衆生或
然燋薪或露燈燭燒諸虫類或食醬酢不看
搖動或寫湯水澆煞虫蟻如是乃至行住坐卧四威
儀中恒常傷煞飛空着地細微衆生弟子以
凡夫識暗不覺不知今日發露皆悉懺悔

像中恒常像無形空着地絍後羗生弟子以
凡夫識暗不覺不知今日發露皆悉懺悔
又復弟子无始以来至于今日或以鞭杖枷鏁桁
械壓拉考掠打擲手脚蹴蹹的縛籠繫斷絶水
穀如是種種諸惡方便苦惱衆生今日至誠向
十方佛尊法聖衆皆悉懺悔
願弟子等承是懺悔煞害等罪所生功德生生世
世得金剛身壽命无窮永離怨憎无煞害想於
諸衆生得一子地若見危難危厄之者不惜身命
方便救解令得解脱然後爲説微妙正法使諸衆
生覩形見影皆蒙安樂聞名聽聲恐怖悉除　礼一拜
南无寶世界善住力王佛　南无十方上首世界起月光佛
南无龍王世上首佛　南无善住世界善高聚佛
南无无怖畏世界乍稱弗　南无愛香世界斷諸難弗

南无成就一切功德善住世界稱親佛
南无憂慧世界遠離諸憂佛
南无成就一切勢善住世界稱堅固佛
南无憂慧世界遠離諸憂佛
南无稱世界起波頭摩功德王佛
南无花俱蘇摩住世界善散花幢佛
南无十方名稱世界放光明普至佛
南无十方上首世界名稱眼佛
南无炎慧世界放炎佛
從此以上三千佛十二部經一切賢聖
南无吼世界十方稱名佛　南无光明世界自在弥留佛
南无寶光世界大光明佛　南无常歡喜世界炎熾佛
南无有世界三界自在奮迅佛　南无无畏世界放明輪佛
南无常懸世界般無滕佛　南无波頭摩王世界无盡滕佛

南无常懸世界衆寶勝佛　南无波頭摩王世界无盡勝佛
南无普吼世界妙鼓聲佛　南无无畏世界普勝佛
南无十方名稱世界智稱佛　南无地世界山王佛
南无地功德世界波頭摩勝王佛
南无然燈輪世界善住佛
南无普莊嚴世界大莊嚴佛
南无倚世界住一切功德佛
南无歡喜世界畢竟成就佛
南无量宿行世界智上勝佛
南无蓋行莊嚴世界智起光明威德王勝佛
南无波頭摩世界波頭摩生王佛
南无法境界自在佛　胡本中自此以下皆有世界略不明矣
南无月中光明佛　南无香爲佛
南无可尓迦月弗　南无波頭山弗

南无波頭摩生勝佛　南无栴檀勝佛
南无寶積佛　南无智慧佛
南无无畏作王佛　南无功德成就勝佛
南无光明幢佛　南无无量功德作佛
南无功德成就勝佛　南无一切功德成就勝佛
南无波頭摩成就勝佛　南无炬住持佛
南无寶上勝佛　南无金色花佛
南无上王佛　南无星宿王佛
南无无量弥留佛　南无虛空輪清淨王佛
南无无量聲佛　南无寶山佛
南无種種寶俱蘇摩花佛　南无勝衆佛
南无无塵離塵佛　南无不宿發脩行佛
南无金色光佛　南无寶舍佛
南无種種花成就佛　南无放光明佛

南无金色光佛　南无寶舍佛
南无種種花成就佛　南无放光明佛
南无俱蘇摩成佛　南无放蓋佛
南无稱力王佛　南无淨聲佛
南无淨勝佛　南无无量衆佛
南无上首佛　南无无障㝵眼佛
南无破散一切起諸佛　南无斷一切疑佛
南无无相聲佛　南无畢竟得无邊功德佛
南无寶成就勝佛　南无波頭摩上勝佛
南无寶上佛　南无无障㝵發脩佛
南无无邊佛　南无寶弥留佛
南无日然燈上勝佛　南无智成就勝佛
南无憂鉢羅然燈佛　南无十方然燈佛
南无賢勝佛　南无沙羅自在王佛

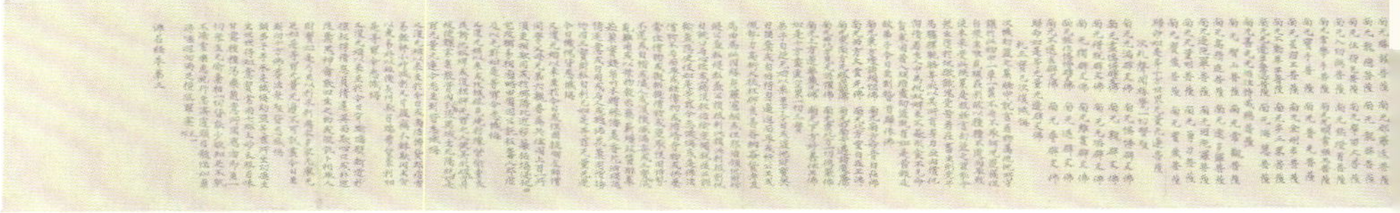

南无師子佛　南无大寶彌留佛
南无毗婆尸佛　南无妙勝光明佛
南无功德王光明佛　南无花王佛
南无无量明佛　南无功德一味佛
南无十方燃燈佛　南无賢勝佛
南无娑羅自在王佛　南无師子王佛
南无寶祢留堅佛　南无毗婆尸羅佛
南无明王佛　南无上首佛
南无月上王佛　南无大龍佛
南无香上勝佛　南无香勝幢佛
南无栴檀屋佛　南无香幢佛
南无旃檀香佛　南无无邊精進佛
從此以上三千一百佛十二部經一切賢聖
南无十方光明佛　南无波頭摩上佛

從山以上三千二百佛十二部經一切賢聖

南无十方光明佛　南无波頭摩上佛

南无驚怖波頭摩花成就上王佛

南无寶冈佛　南无善住王佛

南无香爲王佛　南无與一切樂佛

南无示一切念佛　南无不空説佛

南无能滅一切怖畏佛　南无不住王佛

南无寶光明佛　南无与一切衆生安隱佛

南无觀无邊境界佛　南无虛空莊嚴勝佛

南无无憂莊嚴佛　南无脩行幢佛

南无成就驚怖勝花佛　南无賢勝佛

南无清淨眼佛　南无大將軍佛

南无上勝高佛　南无不可勝憶佛

南无可衣佛　南无无量无邊佛

南无香弥留佛　南无月輪聲王佛
南无妙弥留寶成就勝佛　南无聞弥留善勝佛
南无清勝佛　南无无障导眼佛
南无无邊功德作佛　南无威德王佛
南无顛善思惟成就佛　南无清淨輪王佛
南无智上佛　南无精進山佛
南无智山佛　南无方作佛
南无大會上首佛　南无寂上首佛
南无智讓佛　南无上勝佛
南无不成境界佛　南无現示衆生境界鄣見佛
南无現示衆生境界无障导佛
南无无障导光明佛　南无發光明无导佛
南无佛波頭摩上成就勝佛　南无觀一切佛境界現佛形佛
南无說堅佛　南无化聲佛

南无[illegible]佛　南无[illegible]佛
南无説堅佛　南无化聲佛
南无波頭摩滕佛　南无寶戍就滕佛
南无海弥留佛　南无无垢慧佛
南无智花戍就佛　南无積滕上威德寂静佛
南无離貪境界佛　南无離一切取佛
南无不可思議切德戍就滕佛
南无現戍就滕佛　南无无畏去佛
南无香風佛　南无无等香光佛
南无雲妙鼓聲佛　南无切德戍就滕佛
南无切德戍就滕佛　南无无量奮迅境界弥留聚佛
南无香滕弥留佛　南无无量弥留佛
南无无量光明佛　南无普見佛
南无无畏佛　南无得无畏佛

南无月然燈佛　南无火然燈佛
南无滕循佛　南无滕衆佛
南无金剛成佛　南无智自在王佛
南无智力稱佛　南无无畏滕佛
南无功德王光明佛　南无善眼佛
南无堅自在王佛　南无弥留王佛
南无虚空弥留寶滕佛　南无堅上滕佛
南无梵吼聲佛　南无寶花佛
南无波頭摩成就滕佛　南无旃檀香佛
南无須弥劫佛　南无滕莊嚴佛
南无寶蓋佛　南无香烏佛
南无无邊滕佛　南无不空說名佛
南无不可思議功德王光明佛　南无无畏王佛
南无波頭摩上滕佛

南无波頭摩上勝佛
從此已上二千二百佛十二部經一切賢聖
南无常得精進佛　南无藥王佛
南无安隱佛　南无无邊意行佛
南无无邊境界佛　南无无邊光明佛
南无无邊眼佛　南无无邊虚空境界佛
南无金色境界佛　南无星宿王佛
南无香上勝佛　南无虚空勝佛
南无妙勝佛　南无方作佛
南无妙弥留佛　南无无障导眼佛
南无金剛堅固經佛　南无然燈炬佛
歸命如是等无量无邊佛應知
南无火幢佛　南无賢无垢威德光佛
南无留積佛　南无彌力王佛

南无功德王光明佛　南无見智佛
南无波頭摩妙勝佛　南无成就勝佛
南无寶光佛　南无寶蓮華勝佛
南无遠離疑成就佛　南无無上首佛
南无拘留孫佛　南无幢王佛
南无波頭摩功德佛　南无放光明佛
南无弥勒佛　南无光明波頭摩光佛
南无勝王佛　南无法幢佛
南无无量奮迅佛　南无海須弥佛
南无妙佛　南无釋迦牟尼佛
南无不空見佛　南无无障导吼聲佛
南无无量功德勝名光明佛
南无无分别脩行佛　南无无邊光明佛
南无善眼佛　南无南方普寶藏佛

南无无分別行佛　南无无邊光明佛

南无善眼佛　南无南方普寶藏佛

南无无垢遠離垢解脫佛

歸命如是等无量无邊佛應知

南无西方无量華佛　南无无量照佛

南无无量光明佛　南无无量明佛

南无无量境界佛　南无无量自在佛

南无无量奮迅佛　南无普蓋佛

南无蓋行佛　南无寶蓋佛

南无星宿王佛　南无善星宿佛

南无光明輪佛　南无明王佛

南无光明上滕佛　南无无邊見佛

南无滕佛　南无无邊境界奮迅佛

南无章[illegible]孔雀佛　南无大雲光明佛

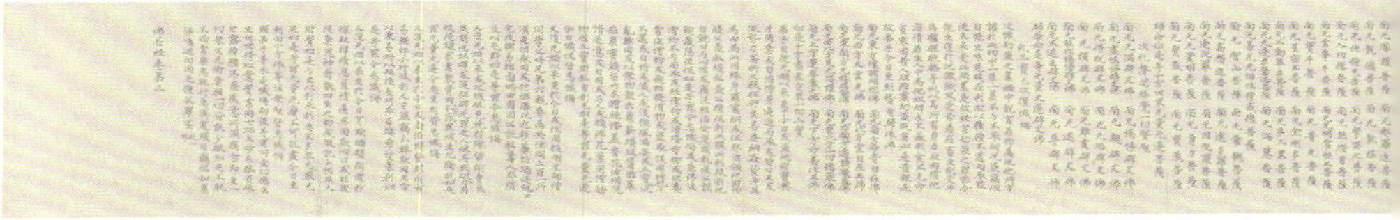

南无羅[illegible]王佛　南无善得平等光明佛
南无波頭摩勝華佛　南无山王佛
南无月衆增上佛　南无高光明佛
南无含衆佛　南无不空光明佛
南无頂勝王佛　南无北方不空然燈佛
南无不空奮迅佛　南无不空境界佛
南无不空光明佛　南无无邊精進佛
南无莎羅自在王佛　南无寶莎羅王佛
南无普蓋佛　南无蓋莊嚴佛
南无寶積佛　南无旃檀屋佛
南无旃檀香佛　南无无量光明佛
南无光明輪莊嚴孫佛 留　南无无障导眼佛
南无无量眼佛　南无寶成就佛
南无一切功德佛　南无佛華成就功德佛

南无无量眼佛　南无寶成就佛
南无一切功德佛　南无佛華成就功德佛
南无善住慧佛　南无无量步佛
南无不空勝佛　南无寶步佛
南无无邊脩行佛　南无无邊莊嚴勝佛
南无盧空輪光明佛　南无无量聲佛
南无藥王佛　南无无畏佛
次礼十二部尊經大藏法輪
南无枯樹經　南无當來變經
南无放牛經　南无乇真羅經
南无相績經　南无灌食經
從此以上二千三百佛十二部經一切賢聖
南无夲文丈經　南无目連問經
南无持戒而經　南无太子思木經

南无忍辱経　南无微密経
南无離泄経　南无菩薩経
南无孔雀王咒経　南无迦羅子経
南无重生太子慕魄経　南无弥勒成佛経
南无唯意長者子経　南无龍女経
南无梵網長者子経　南无燎滿経
南无泥梨経　南无沙弥五母子経
南无月光童子経　南无太子須達拏経
南无勝騶経　南无賔頭盧経
次礼十方諸大菩薩摩訶薩
南无勝山菩薩　南无光山菩薩
南无賢首菩薩　南无功德山菩薩
南无勝讓菩薩　南无那羅延菩薩
南无龍德菩薩　南无龍勝菩薩

南无龍德菩薩　南无龍滕菩薩
南无住持色菩薩　南无摩留大菩薩
南无入功德菩薩　南无然燈首菩薩
南无常攀手菩薩　南无光明常照王菩薩
南无寶手菩薩　南无普光菩薩
南无星宿王菩薩　南无金剛步菩薩
南无不動華步菩薩　南无步三界菩薩
南无无邊步奮迅菩薩　南无海慧菩薩
南无善光无垢住持威德菩薩
南无智山菩薩　南无常觀菩薩
南无高精進菩薩　南无遠多羅菩薩
南无邊陁羅菩薩　南无因陁羅菩薩
南无无量明菩薩　南无勇力菩薩
南无寶幢菩薩　南无寶幢菩薩

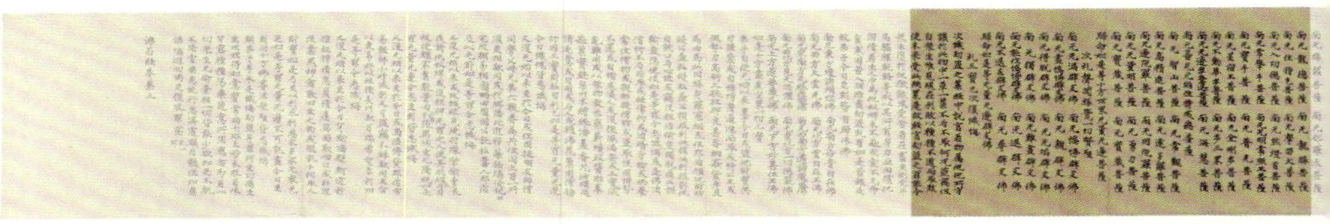

歸命如是等十方世界无量无邊菩薩
次礼聲聞緣覺一切賢聖
南无无漏辟支佛　南无憍慢辟支佛
南无盡憍慢辟支佛　南无親辟支佛
南无得脫辟支佛　南无无垢辟支佛
南无獨辟支佛　南无難盡辟支佛
南无能作憍慢辟支佛　南无退辟支佛
南无不退去辟支佛　南无尋辟支佛
歸命如是等无量无邊辟支佛
礼三寶已次復懺悔
次懺劫盜之業經中說言若物屬他他所守
護於此物中一草一葉不与不取何況盜竊但
自衆生唯見現在利故以種種不道而取致
使未來受此殃累是故經言劫盜之罪能令

自衆生唯見現在利故以種種不道而取致
使未来受此殃累是故經言劫盜之罪能令
衆生墮於地獄餓鬼受苦若在畜生則受牛
馬驢騾駝駱等形以其所有身力血肉償他
宿債若生人中為他奴婢衣不蔽形食不充命
貧寒困苦人理殆盡劫盜既有如是苦報是
故弟子今日至到稽首歸依佛
南无東方壞諸煩惱佛　南无南方妙音自在佛
南无西方大雲光佛　南无北方雲自在王佛
南无東南方无緣莊嚴佛　南无西南方遍諸魔界佛
南无西北方見无恐懼佛　南无東北方一切德嚴佛
南无上方蓮華藏光佛　南无下方妙善住王佛
如是十方盡虛空界一切三寶
弟子自從无始以来至于今日或盜他財寶興

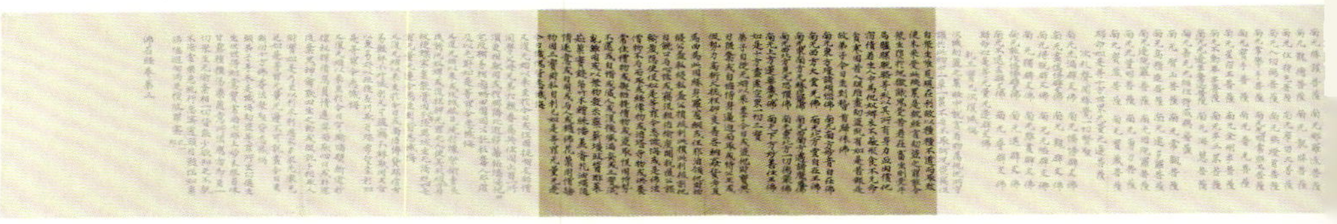

刄徑棄或自怙恃身逼迫而取或恃公王或
假勢力高桁大械枉砷良善吞納姦貨考直
為曲為此因緣身羅憲網或任邪治領他財物
侵公益私侵私益公損彼利此損此利彼割他
自饒口与心捨或竊沒租佑偷度關稅匿公課
輸藏隱使役如是等罪今悉懺悔或是佛法
僧物不与而取或經像物或治塔寺物或供養
常住僧物或擬招提僧物或盜取悞用恃勢
不還或自惜或貸人或復換貸漏妄或三寶物混
亂雜用或以衆物穀米蘵薪壇豉醬酢菜
茹菓實錢帛竹木繒綵幡蓋香花油燭隨
情逐意或自用或与人或摘佛花菓用僧鬘
物因三寶財私自利已如是等罪无量无邊
今日慚愧皆悉懺悔

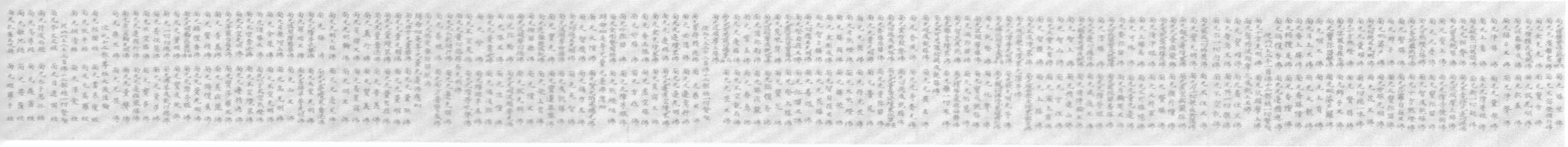

物因三寶財私自利已如是等罪无量无邊
今日慚愧皆悉懺悔
又復无始以来至於今日或任周旋朋友師僧
同學父母兄弟六親眷屬共住同止百一所
須更相欺罔或於鄉隣比近移蘺拓墻侵他田
宅改標易相幽略田園因公託私奪人邸店
及以毛野如是等罪今悉懺悔
又復无始以来或攻城破邑燒村壞柵偷賣良
民誘他奴婢或復枉𠏉无罪之人使其形殂血刃身
被徒鏁家業散骨肉支離分張異域生死隔絕如是
罪无量无邊今悉至到皆悉懺悔
又復无始以来至於今日或商侶博貨邸店市
易輕秤小斗減割尺寸盜竊分銖欺罔圭合
以賤易好以短換長彼欺百端希望豪利如

是等罪今悉懺悔
又復无始以来至於今日穿踰墻壁斷道抄
掠抵捍債息負情違要面欺心口或非道
陵奪鬼神禽獸四生之物或假託卜相取人
財寶如是乃至以利求利惡求多求无厭无
足如是等罪无量无邊不可說盡今日至
到向十方佛尊法衆聖皆悉懺悔
願弟子等承是懺悔劫盜等罪所生功德生
生世世得如意寶常雨七珎上妙衣服百味
甘露種種湯藥隨意所須應念即至一
切衆生无偷奪相一切皆能少欲知足不躭
不染常樂惠施行急濟道頭目髓惱如棄
涕唾迴向滿足檀波羅蜜　礼一拜

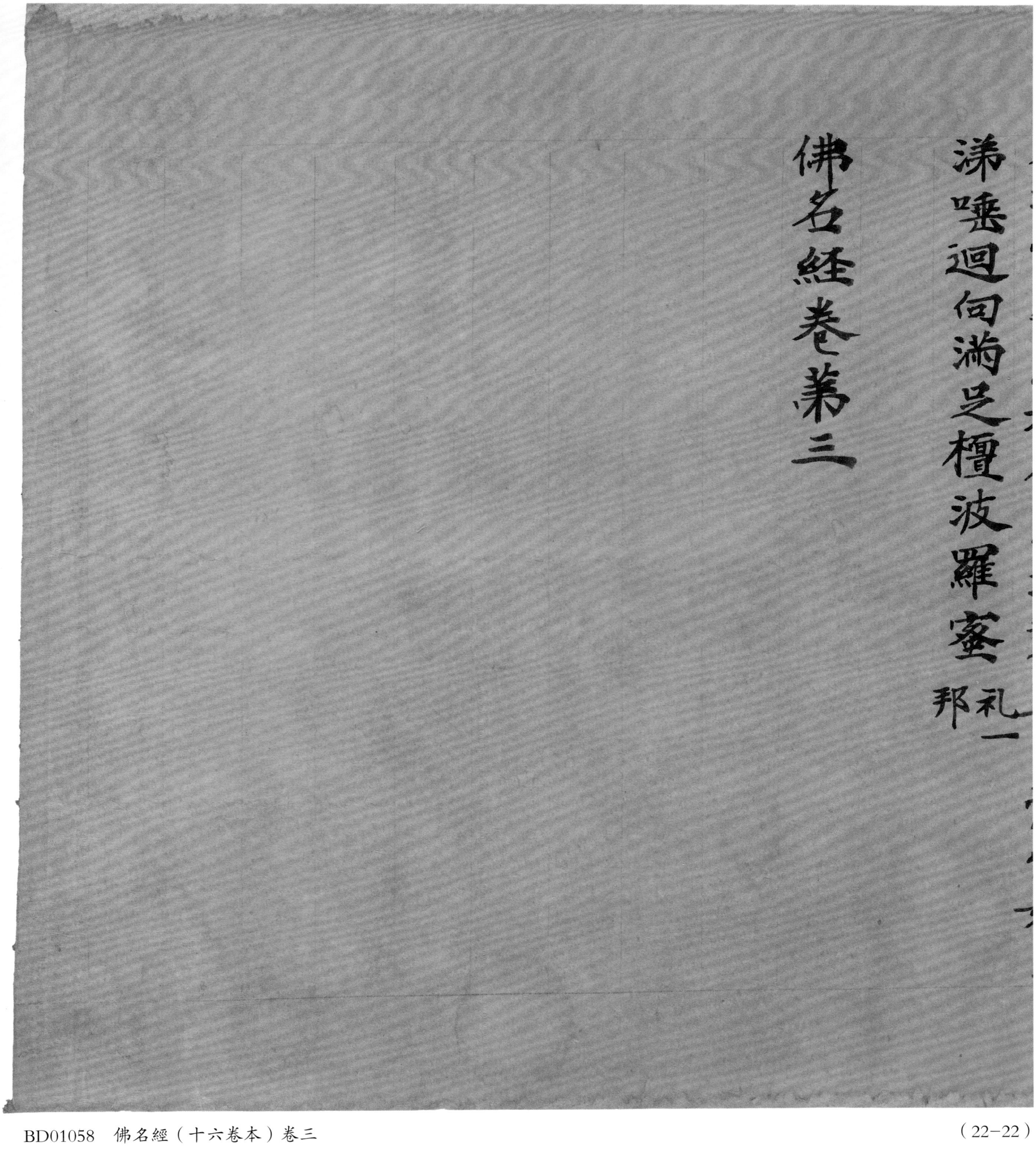
涕唾迴向滿足檀波羅蜜 礼一 邦

佛名經卷第三

BD01059 金剛般若波羅蜜經

（後秦）鳩摩羅什 譯

437.3cm × 25.8cm

為他人說其福勝彼何以
故須菩提一切諸佛及諸佛阿耨多羅三藐
三菩提法皆從此經出須菩提所謂佛法者
即非佛法
須菩提於意云何須陁洹能作是念我得
須陁洹果不須菩提言不也世尊何以故須陁
洹名為入流而无所入不入色聲香味觸法
是名須陁洹須菩提於意云何斯陁含能作
是念我得斯陁含果不須菩提言不也世尊
何以故斯陁含名一往来而實无往来是名
斯陁含須菩提於意云何阿那含能作是念
我得阿那含果不須菩提言不也世尊何以
故阿那含名為不来而實无来是故名阿那
含須菩提於意云何阿羅漢能作是念我
得阿羅漢道不須菩提言不也世尊何以故實

无有法名阿羅漢世尊若阿羅漢作是念我
得阿羅漢道即為著我人衆生壽者世尊佛
説我得无諍三昧人中最為第一是第一離
欲阿羅漢我不作是念我是離欲阿羅漢
世尊我若作是念我得阿羅漢道世尊則不
説須菩提是樂阿蘭那行者以須菩提實无所
行而名須菩提是樂阿蘭那行
佛告須菩提於意云何如來昔在然燈佛所
於法有所得不世尊如來在然燈佛所於法
實无所得須菩提於意云何菩薩莊嚴佛土
不不也世尊何以故莊嚴佛土者則非莊嚴
是名莊嚴是故須菩提諸菩薩摩訶薩應
如是生清淨心不應住色生心不應住聲香味
觸法生心應无所住而生其心須菩提譬如
有人身如須弥山王於意云何是身為
須菩提言甚大世尊何以故佛説非

觸法生心應无所住而生其心須菩提譬如
有人身如須弥山王於意云何是身為
須菩提言甚大世尊何以故佛說非身
名大身須菩提如恒河中所有沙數如
等恒河於意云何是諸恒河沙寧為多
菩提言甚多世尊但諸恒河尚多无
沙須菩提我今實言告汝若有善男
女人以七寶滿尒所恒河沙數三千大千
以用布施得福多不須菩提言甚多
須菩提若善男子善女人於此經中乃至受持
四句偈等為他人說而此福德勝前福德
復次須菩提隨說是經乃至四句偈等當知
此處一切世間天人阿脩羅皆應供養如佛
塔廟何況有人盡能受持讀誦須菩提當
知是人成就最上第一希有之法若是經典

所在之處則為有佛若尊重弟子

尒時須菩提白佛言世尊當何名此經我等云
何奉持佛告須菩提是經名為金剛般若波
羅蜜以是名字汝當奉持所以者何須菩提佛
說般若波羅蜜則非般若波羅蜜須菩提於意
云何如來有所說法不須菩提白佛言世尊如來
无所說須菩提於意云何三千大千世界所有
微塵是為多不須菩提言甚多世尊須菩提
諸微塵如來說非微塵是名微塵如來說世
界非世界是名世界
須菩提於意云何可以卅二相見如來不不也世尊
不可以卅二相得見如來何以故如來說卅二相即是
非相是名卅二相須菩提若有善男子善女人以恒
河沙等身命布施若復有人於此經中乃至受持

非相是名三十二相須菩提若有善男子善女人以恒
河沙等身命布施若復有人於此經中乃至受持
四句偈等為他人說其福甚多
尒時須菩提聞說是經深解義趣涕淚悲泣而白
佛言希有世尊佛說如是甚深經典我從昔來
所得慧眼未曾得聞如是之經世尊若復有人得
聞是經信心清淨則生實相當知是人成就最上
希有功德世尊是實相者是非相是故如來
說名實相世尊我今得聞如是經典信解受持
不足為難若當來世後五百歲其有眾生得聞
是經信解受持是人則為第一希有何以故此人
无我相人相眾生相壽者相所以者何我相即
是非相人相眾生相壽者相即是非相何以故
離一切諸相則名諸佛
佛告須菩提如是如是若復有人得聞是經不驚

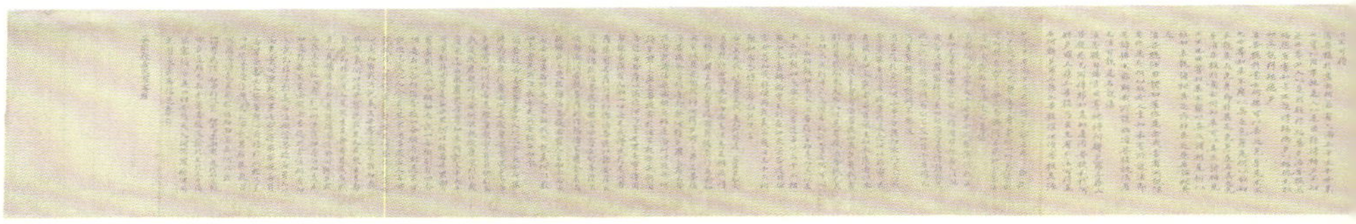

不怖不畏當知是人甚為希有何以故須菩提如
來說第一波羅蜜非第一波羅蜜是名第一波羅
蜜須菩提忍辱波羅蜜如來說非忍辱波羅蜜何
以故須菩提如我昔為歌利王割截身體我於
尒時无我相无人相无衆生相无壽者相何以故
我於往昔節節支解時若有我相人相衆生相
壽者相應生瞋恨須菩提又念過去於五百世
作忍辱仙人於尒所世无我相无人相无衆生相
无壽者相是故須菩提菩薩應離一切相發阿耨多
羅三藐三菩提心不應住色生心不應住聲香味觸法
生心應生无所住心若心有住則為非住是故佛說
菩薩心不應住色布施須菩提菩薩為利益一切衆
生應如是布施如來說一切諸相即是非相又說一
切衆生則非衆生須菩提如來是真語者實語者

BD01059　金剛般若波羅蜜經

切衆生則非衆生須菩提如來是真語者實語者
如語者不誑語者不異語者須菩提如來所得法此法无
實无虚須菩提若菩薩心住於法而行布施如人入闇
則无所見若菩薩心不住法而行布施如人有目日光明
照見種種色須菩提當來之世若有善男子善女
人能於此經受持讀誦則為如來以佛智慧悉知
是人悉見是人皆得成就无量无邊功德須菩提
若有善男子善女人初日分以恒河沙等身布施
中日分復以恒河沙等身布施後日分亦以恒河沙
等身布施如是无量百千万億劫以身布施若復有
人聞此經典信心不逆其福勝彼何況書寫受持讀誦為人
解說須菩提以要言之是經有不可思議不可稱
量无邊功德如來為發大乘者說為發最上乘
者說若有人能受持讀誦廣為人說如來悉
知是人悉見是人皆得成就不可量不可稱

（10-4）

无有邊不可思議功德如是人等則為荷擔
如来阿耨多羅三藐三菩提何以故須菩提
若樂小法者著我見人見衆生見壽者見
則於此經不能聽受讀誦為人解説須菩提
在
在處處若有此經一切世間天人阿脩羅所
應供養當知此處則為是塔皆應恭敬作礼
圍遶以諸華香而散其處復次須菩提善男
子善女人受持讀誦此經若為人輕賤是人
先世罪業應墮惡道以今世人輕賤故先世
罪業則為消滅當得阿耨多羅三藐三菩提
須菩提我念過去无量阿僧祇劫於然燈佛
前得值八百四千万億那由他諸佛悉皆供
養承事无空過者若復有人於後末世能受

養承事无空過者若復有人於後末世能受
持讀誦此經所得功德於我所供養諸佛功
德百分不及一千万億分乃至筭數譬喻所
不能及須菩提若善男子善女人於後末世
有受持讀誦此經所得功德我若具說者或
有人聞心則狂亂狐疑不信須菩提當知是
經義不可思議果報亦不可思議
尒時須菩提白佛言世尊善男子善女人發
阿耨多羅三藐三菩提心云何應住云何降
伏其心
佛告須菩提善男子善女人發阿耨多羅三
藐三菩提者當生如是心我應滅度一切衆
生滅度一切衆生已而无有一衆生實滅度
何以故若菩薩有我相人相衆生相壽者相

則非菩薩所以者何須菩提實无有法發
阿耨多羅三藐三菩提者
須菩提於意云何如来於然燈佛所有法得
阿耨多羅三藐三菩提不不也世尊如我解
佛所說義佛於然燈佛所无有法得阿耨多
羅三藐三菩提佛言如是如是須菩提實无
有法如来得阿耨多羅三藐三菩提須菩提
若有法如来得阿耨多羅三藐三菩提然燈
佛則不與我受記汝於来世當得作佛号釋
迦牟尼以實无有法得阿耨多羅三藐三菩
提是故然燈佛與我受記作是言汝於来世
當得作佛号釋迦牟尼何以故如来者即諸
法如義若有人言如来得阿耨多羅三藐三
菩提須菩提實无有法佛得阿耨多羅三藐

菩提須菩提實无有法佛得阿耨多羅三藐
三菩提須菩提如来所得阿耨多羅三藐三
菩提於是中无實无虛是故如来說一切法
皆是佛法須菩提所言一切法者即非一切
法是故名一切法須菩提譬如人身長大須
菩提言世尊如来說人身長大則非大身是
名大身
須菩提菩薩亦如是若作是言我當滅度无
量衆生則不名菩薩何以故須菩提實无有
法名為菩薩是故佛說一切法无我无人无
衆生无壽者須菩提若菩薩作是言我當莊
嚴佛土是不名菩薩何以故如来說莊嚴佛
土者即非莊嚴是名莊嚴須菩提若菩薩通
達无我法者如来說名真是菩薩

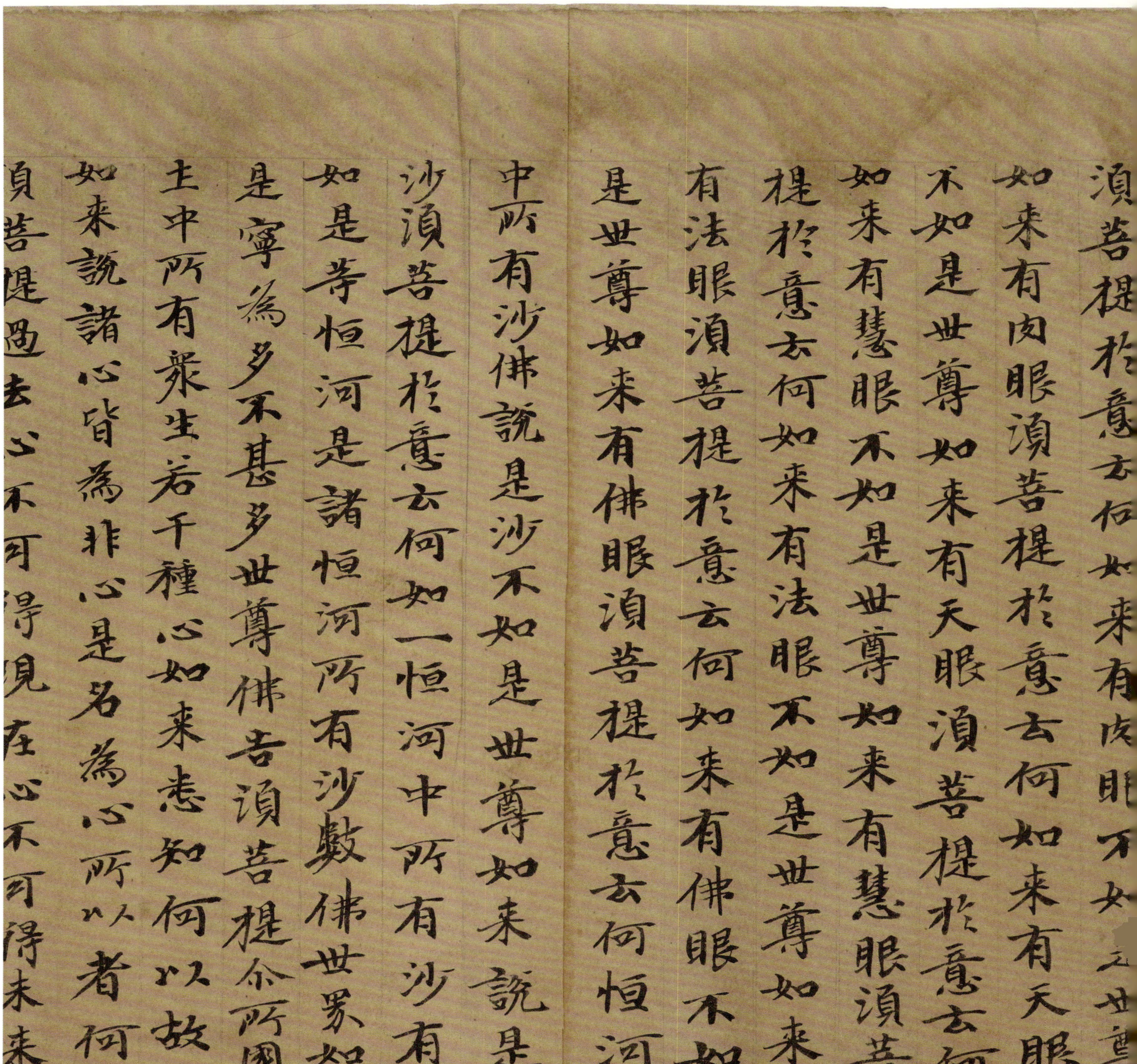

須菩提於意云何如來有肉眼不如是世尊
如來有肉眼須菩提於意云何如來有天眼
不如是世尊如來有天眼須菩提於意云何
如來有慧眼不如是世尊如來有慧眼須菩
提於意云何如來有法眼不如是世尊如來
有法眼須菩提於意云何如來有佛眼不如
是世尊如來有佛眼須菩提於意云何恒河
中所有沙佛說是沙不如是世尊如來說是
沙須菩提於意云何如一恒河中所有沙有
如是等恒河是諸恒河所有沙數佛世界如
是寧為多不甚多世尊佛告須菩提尒所國
土中所有眾生若干種心如來悉知何以故
如來說諸心皆為非心是名為心所以者何
須菩提過去心不可得現在心不可得未來

須菩提過去心不可得現在心不可得未來
心不可得
須菩提於意云何若有人滿三千大千世界
七寶以用布施是人以是因緣得福多不如
是世尊此人以是因緣得福甚多須菩提若
福德有實如來不說得福德多以福德无故
如來說得福德多
須菩提於意云何佛可以具足色身見不不
也世尊如來不應以具足色身見何以故如
來說具足色身即非具足色身是名具足色
身須菩提於意云何如來可以具足諸相見
不不也世尊如來不應以具足諸相見何以
故如來說諸相具足即非具足是名諸相具

須菩提汝勿謂如来作是念我當有所説法
莫作是念何以故若人言如来有所説法即
爲謗佛不能解我所説故須菩提説法者
无法可説是名説法
須菩提白佛言世尊佛得阿耨多羅三藐三
菩提爲无所得耶如是如是須菩提我於阿
耨多羅三藐三菩提乃至无有少法可得是
名阿耨多羅三藐三菩提復次須菩提是法
平等无有高下是名阿耨多羅三藐三菩提
以无我无人无衆生无壽者脩一切善法則
得阿耨多羅三藐三菩提須菩提所言善法
者如来説非善法是名善法
須菩提若三千大千世界中所有諸須弥山

須菩提若三千大千世界中所有諸須彌山
王如是等七寶聚有人持用布施若人以此
般若波羅蜜經乃至四句偈等受持讀誦爲
他人說於前福德百分不及一百千万億分
乃至筭數譬喻所不能及
須菩提於意云何汝等勿謂如來作是念我
當度衆生須菩提莫作是念何以故實无
有衆生如來度者若有衆生如來度者如來
則有我人衆生壽者須菩提如來說有我者
則非有我而凡夫之人以爲有我須菩提凡夫
者如來說則非凡夫須菩提於意云何可以
三十二相觀如來不須菩提言如是如是以三
十二相觀如來佛言須菩提若以三十二相
觀如來者轉輪聖王則是如來須菩提白佛

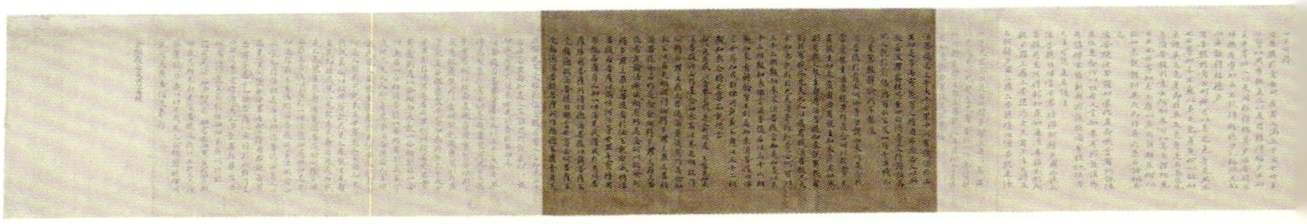

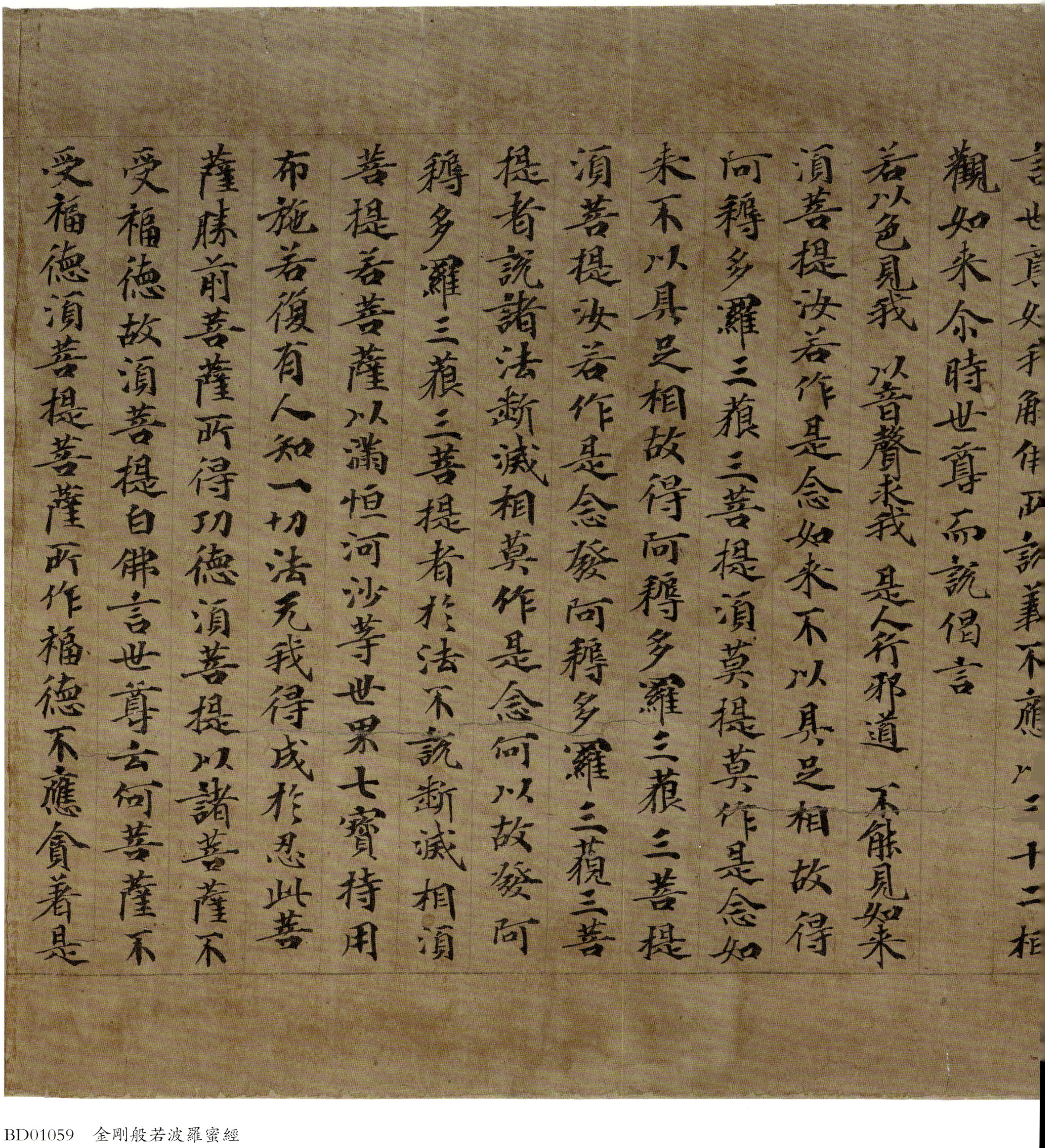
言世尊如我解佛所說義不應以三十二相
觀如來尒時世尊而說偈言
若以色見我　以音聲求我　是人行邪道　不能見如來
須菩提汝若作是念如來不以具足相故得
阿耨多羅三藐三菩提須菩提莫作是念如
來不以具足相故得阿耨多羅三藐三菩提
須菩提汝若作是念發阿耨多羅三藐三菩
提者說諸法斷滅相莫作是念何以故發阿
耨多羅三藐三菩提者於法不說斷滅相須
菩提若菩薩以滿恒河沙等世界七寶持用
布施若復有人知一切法无我得成於忍此菩
薩勝前菩薩所得功德須菩提以諸菩薩不
受福德故須菩提白佛言世尊云何菩薩不
受福德須菩提菩薩所作福德不應貪著是

BD01059　金剛般若波羅蜜經

受福德須菩提菩薩所作福德不應貪著是
故佛說不受福德須菩提若有人言如來若來
若去若坐若卧是人不解我所說義何以故
如來者无所從來亦无所去故名如來
須菩提若善男子善女人以三千大千世界
碎為微塵於意云何是微塵衆寧為多不甚
多世尊何以故若是微塵衆實有者佛則不
說是微塵衆所以者何佛說微塵衆則非微
塵衆是名微塵衆世尊如來所說三千大千
世界則非世界是名世界何以故若世界實
有者則是一合相如來說一合相則非一合
相是名一合相須菩提一合相者則是不可
說但凡夫之人貪著其事須菩提若人言佛
說我見人見衆生見壽者見須菩提於意云

何是人解我所說義不世尊是人不解如來
所說義何以故世尊說我見人見衆生見壽
者見即非我見人見衆生見壽者見是名我
見人見衆生見壽者見須菩提發阿耨多羅
三藐三菩提心者於一切法應如是知如是見
如是信解不生法相須菩提所言法相者如
來說即非法相是名法相須菩提若有人以
滿无量阿僧祇世界七寶持用布施若有
善男子善女人發菩薩心者持於此經乃至
四句偈等受持讀誦為人演說其福勝彼云
何為人演說不取於相如如不動何以故
一切有為法　如夢幻泡影　如露亦如電　應作如是觀
佛說是經已長老須菩提及諸比丘比丘尼優
婆塞優婆夷一切世間天人阿脩羅聞佛所

婆塞優婆夷一切世間天人阿脩羅聞佛所
説皆大歡喜信受奉行

金剛般若波羅蜜經

BD01060 善惡因果經

488.5cm × 25.3cm

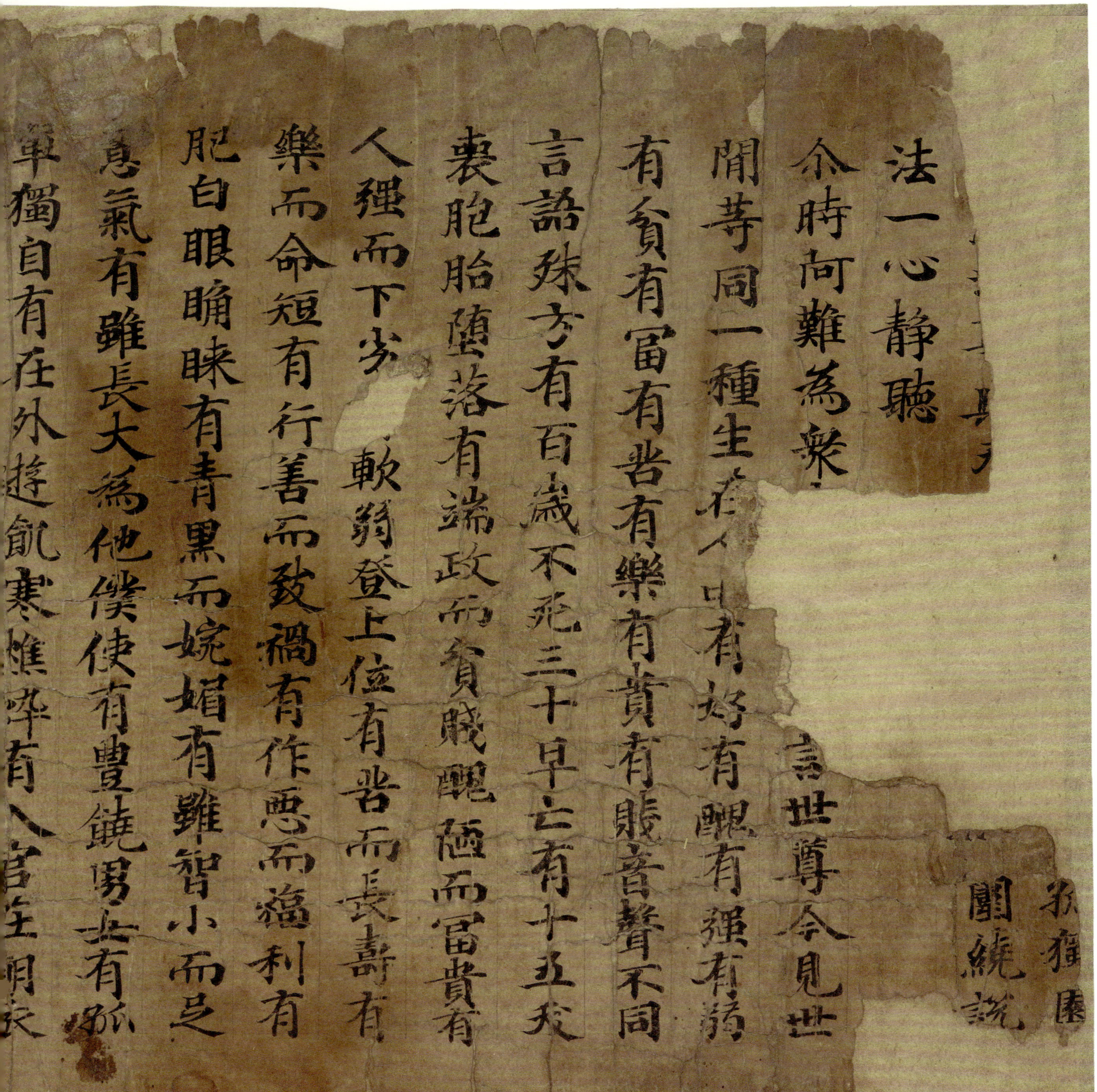

…其天……圍繞說
獼猴屬
法一心靜聽
尒時阿難為衆……言世尊今見世
閒等同一種生在人中有好有醜有強有弱
有貧有富有苦有樂有貴有賤音聲不同
言語殊方有百歲不死三十早亡有十五矣
裹胞胎墮落有端政而貧賤醜陋而富貴有
人裡而下步…軟弱登上位有苦而長壽有
樂而命短有行善而致禍有作惡而獲利有
肥白眼瞞睞有青黑而婉媚有雖智小而是
惠氣有雖長大為他僕使有豐饒男女有孤
單獨自有在外遊飢寒憔悴有入官生明衣

（11－1）

自沙有少時貧賤老如富貴有理實无牽攝
羅獄事有父慈孝論經說義有共乖各
鬧諍交至有安居立宅種種豐偹有自無舍
生處處浮寄有鳥栖鹿宿禽狩同類有
茹血不識文□有端坐受報有客作無地有
聰明高爽有闇鈍无智有經營始得有不求
自至有富而慳貪有貧窮而好施有出言和
濡有發語麤剌有為他愛敬有衆人遠避有
慈心養命有煞生无比有寬而得衆有為他
所棄有婦姑相憎有妯娌歡戲有喜聽法語
有聞經眠睡有武夫无禮有好學文義有作
畜生之形種種異類唯願世尊廣說因果大
衆知聞一心從善

衆知聞一心從善

佛告阿難如汝所問受報不同者皆由先世用

心不等是以所受千差万别

今身端政者從忍辱中来爲人醜陋者從瞋

恚中来爲人貧窮者從慳貪中来爲人高貴

者從礼拜中来爲人下賤從憍慢中来爲人

長大從恭敬中来爲人座短從慢法中来爲

人佷戾從羊中来爲人黒瘦從鄣佛光明中

来爲人緊脣從嘗齋食中来爲人赤眼從

惜火光明中来爲人雀目從縺鷹眼合中来

爲人瘖瘂從謗法中来爲人耳聾從不憙聞

法中来爲人齆齀從憙咬骨肉中来爲人褰

鼻從然不好香供養佛中来爲人脣缺從穿魚

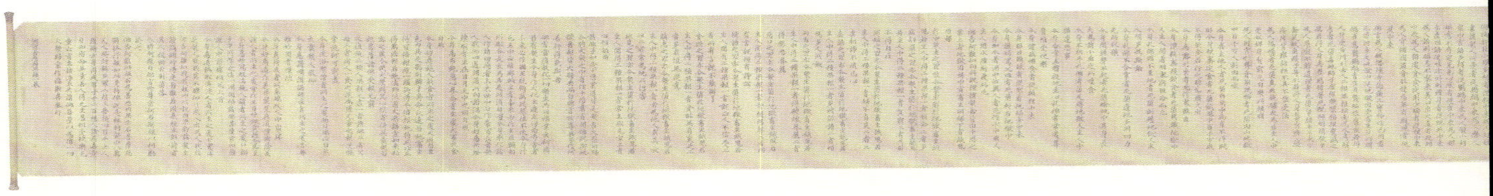

鯢中来為人黃髮從癡賭中来為人完耳從
穿耳中来為人虵體從著輕衣湯突佛像
中来為人黒色從安佛像著屋簷下烟薰中
来為人聽聹從見師長不起長不起中来為
人僂脊從輕衣出入背佛像中来為人胵額
從見佛不礼提手打頟中来為人短項者從
見尊長縮頭走避中来為人心痛病者從斫
剌衆生身體中来為人癩病從枉取他物中
来為人氣嗽從冬月與人冷食□□来為人
无男女者從煞他諸鳥子中来為人饒兒息
者從惠養生物命中来為人長命者從慈心
中来為人短命者從煞生中来為人大富者
從布施中来為人有車馬者從施三寶車馬

中来爲人短命者從煞生中来爲人大富者
從布施中来爲人有車馬者從施三寶車馬
中来爲人聦明從學問誦經中来爲人闇鈍
從畜生中来爲人奴婢從負債中来爲人跦
撓從獼猴中来爲人病癩者從破壞寶塔中来
爲人手脚不隨者從縛勑衆生手脚中来爲
人惡性從虵蝎中来爲人六根具足者從持
戒中来爲人諸根不具足者從破戒中来爲
人不淨潔者從豬中来爲人憙歌舞者從伎
兒中来爲人多貪從狗中来爲人項有癭肉
者從獨食中来爲人口氣臭者從惡罵中来
爲人男根不具足者從揵豬狗中来爲人舌
短者從屏處盜罵尊長中来爲人憙婬泆

婦女者從死墮鷯鵙中來為人惡婦九族親
者死墮雀中來為人慳惜經書藏匿智慧不
為人說者死作土木中蟲好帶弓箭騎乘死墮
六夷中好獵煞生者死墮豺狼中好著釵花者
死作戴勝蟲喜著長衣者死作長尾蟲喜卧
食者死墮豬中好著綵色衣服者死作駮鳥
惡學人語調弄者死作鸚鵡鳥惡讒人者死
墮蟒虵惡毒中横惚他人惡傳惡信者死作
鵄梟鳥為人喜作殃禍語者死作野狐喜驚
怳人者死作麞鹿蟲前身著木屐入寺者今
身生在踻蹄馬中先身惡放下氣者今作蝹
蝦蟲先身用衆僧碓磑者今作叩頭蟲先身
斟量人食者今作啄木蟲盜用僧水者今作

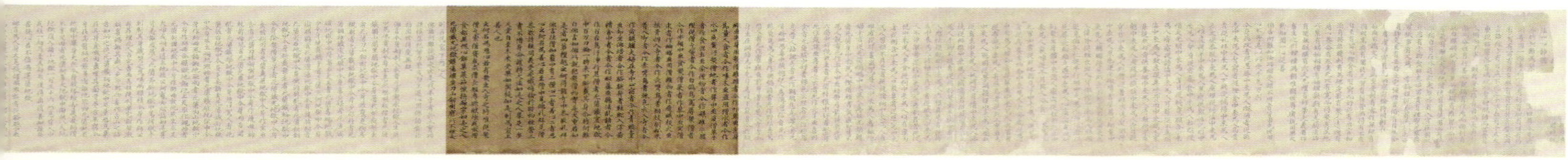

蚰虫先身用衆僧磓𥗽者今作叩頭虫先身
𧴚量人食者今作啄木虫盜用僧水者今作
水中魚鱉汙衆僧地者作屛中虫盜僧菓子
者作食泥土虫偷僧物者今作䮾碓牛驢
𤜱從僧乞貸者今作白鴿鳥罵辱衆僧者
今作牛領中虫食衆僧菜者作蔾中虫坐僧
床者作蚰蜒虫用僧雜物者作飛蛾投火虫
搖骨捍入寺者今作長嘴鳥著烟枝胡粉朱
唇入寺者今作赤嘴鳥著綵色衣入寺者今
作黃鵧鸛夫婦在寺中止宿者今作青頭臺
虫却坐佛塔者合作駱駞身著鞋靴入浮啚
精舍中者今者今作蝦蟇虫聽法亂語者今
作百舌鳥手爭行毀僧者死墮鐵窟地獄

中百万刀輪一時来下斬截其身尒時向難
白佛言如佛所説犯衆僧物寶是大重若如
是者四輩檀越云何得詣寺中恭敬礼拜
佛言往僧伽藍中有二種心一者善心二者惡
心云何名為善心若至僧中見佛礼拜見僧
恭敬請經問義受戒懺悔捨於財物經營三
寶不惜身命護持大法如是之人舉足一步
天堂自至未来受果如樹提伽是則為最上
善人也
云何名為惡心若有衆生入寺之時唯從衆
僧乞索借貸或求僧長短專欲破壞或噉僧
食都無愧心餅菓菜茹懷挾歸家如是之人
死墮鐵丸地獄鑊湯爐炭刀山劒樹靡所不經是

死墮鐵丸地獄鑊湯爐炭刀山劍樹靡所不經是
則名為最下惡心人
佛語阿難誡語來世是我弟子者於三寶所
謹慎莫犯努力崇成勿生退心用佛語者孫
勒出世得度無疑
佛言今身劫剥人衣者死墮寒氷地獄又生蠶
中為他煑剥今身不憙然燈照經像者死墮
鐵圍山間黑闇地獄中今身屠煞斬截衆生
者死墮刀山劍樹地獄中今身飛鷹走狗憙
獵射者死墮鐵鋸地獄中今身多耶行者死
墮銅柱鐵床地獄中今身畜多婦者死墮鐵
碓地獄中今身畜多夫主者死墮毒蛇地獄
中今身燒煑鷄子者死墮灰河地獄中今身

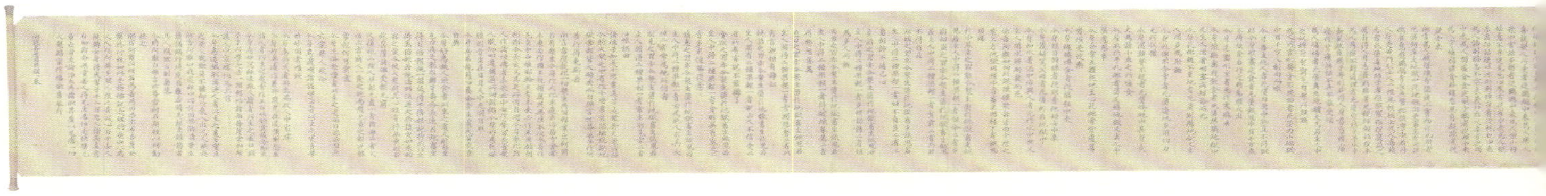

捕猪雞者死墮灌湯地獄中今身揵猪狗者
死墮尖石地獄中今身飲酒醉乱者死墮飲銅
地獄中今身斬截衆生者死墮鐵輪地獄中
今身偷衆僧菓子者死墮鐵丸地獄中今身
食猪狗肉者死墮糞屎地獄中今身作生魚
食者死墮刀林劍樹地獄中今身作後母訷
尅前母兒者死墮火車地獄中今身兩舌鬬
乱者死墮鐵犁地獄中今身惡口罵人者死
墮拔舌地獄中今身多妄語者死墮鐵釘地獄
中今身煞生祠祀耶神者死墮鐵碓地獄中今
身作師母鬼語誑他取物者死墮肉山地獄中
今身作師母合眼眠地誑他上天取你魂神者
死墮斬腰地獄中今身作師母教他煞生求其

死墮斬腰地獄中今身作師母教他煞生求其
大神或祠五道土地社公向魔女郎諸如是等
皆是誑惑愚人死墮斧斫地獄中爲諸獄卒
剉斬其身鐵嘴之鳥啄兩眼精今身作師公
或葬埋死人占宅吉凶五姓便利安宅謝墓厭
鎮禳禍誑其癡人多取財物妄作吉凶之語
者如此之徒死墮鐵網地獄中無量悪鳥集
在其身食噉肉盡啄其筋骨受苦無窮今
身在其醫師不能差病誑他取物死墮針灸
地獄中舉身火然今身破塔壞寺及尼師僧
不孝父母者死墮向阜大地獄中備經八大地
地獄復入諸小地獄一百三十六所悉皆入中
或經一劫乃至五劫然後得出值善知識發

菩提心若不值遇還墮地獄
佛言為人身大皃穢健瞋難解者從駱駝中来
為人憙行健食不避嶮難者從馬中来為人
堪履寒熱無記錄心者從牛中来為人高聲
無愧多所愛念不別是非者從驢中来為人
恒貪肉食所作無畏者從師子中来為人身
長眼圓多遊曠野憎嫉妻子者從虎中来為
人長眼小不樂一處者從飛鳥中来為人性無
返復喜煞害者從野狐中来為人勇健少於
婬慾不愛妻子者從狼中来為人不好妙服
伺捕姧非小眼多怒者從狗中来為人好婬
喜談眾人所愛者從鸚鵡中来為人樂人
眾中言語多煩者從鸜鵒中来為人體小好

衆中言語多煩者從鸚鵡中来為人體小好
婬意不專㝎見色心惑者從雀中来為人眼
赤𪽻短語便吐沫卧則纏身者從虵蚖中来
為人語則瞋恚不察来義口出火毒者從蝎
中来為人獨處貪食夜則少睡者從狸中来
為人穿墻竊盜貪財健忍無有親踈者從
鼠中来
佛言為人破塔壞寺隱藏三寶物作已用者
死墮阿鼻大地獄中從地獄出受畜生身所謂
鵄雀鵞鶩鸚鵡青雀魚鱉獼猴麞鹿若得
人身受黄門形女人二根無根婬女為人喜瞋
恚者死墮毒虵師子虎狼熊羆猫狸鷹鷂之
屬若得人身喜養鷄猪屠兒獵師網捕獄卒

為人愚癡不解道理者死墮象豬牛羊水牛
蚤虱蚊虻蟻子等形若得人身聾盲瘖瘂
癃殘背僂諸根不具不能受法
為人憍慢者死墮糞虫駞驢大馬若生人中
受奴婢身貧窮乞丐衆所輕賤
為人因官形勢貪取民物者死墮肉山地獄
中百千万人割肉而噉
今身喜立他人者死墮白鳥中脚直不得眠
臥今身破齋夜食者死墮餓鬼中百千万歲
不得飲食若行之時節頭火出
今身憙露形坐者死作寒鶵虫
今身懷挾齋殘飲食者死墮熱鐵地獄中
又生人聞著咽塞病短命而死

又生人間著咽塞病短命而死
令身礼佛頭不至地者死墮倒懸地獄又生
人間多為欺誑
令身礼佛不合掌者死墮邊地多用切力
无所収獲
令身聞鍾聲不起者死墮蟒虵中其身長
大為諸小虫之所唼食
令身不拱手礼佛者墮反縛地獄又生人中
撗遭惡事
令身合掌五體投地至心礼佛者常處尊
貴恒受快樂
令身健瞋懊食者從顛狂中来
令身眼目摘睞者從邪看他婦女中来

今身諸婦罵父母者死墮斬石地獄中
令身加水著酒中沽與人者死作水中虫又
生人間水腫斷氣而死
佛告阿難如向所說種種衆苦皆由十惡之
業上者地獄因緣中者畜生因緣下者餓鬼
因緣
於中煞生之罪能令衆生墮於地獄畜生餓
鬼若生人中得二種果報一者短命二者多
病劫盜之罪亦令衆生墮於地獄畜生餓鬼
若生人中得二種果報一者貧窮二者共財
不得自在
耶婬之罪亦令衆生墮於地獄畜生餓鬼若
生人中得二種果報一者婦不貞良二者二

生人中得二種果報一者婦不貞良二者
妻相諍不隨己心
妄語之罪亦令衆生墮於地獄畜生餓鬼若
生人中得二種果報一者多被誹謗二者恒
為多人所誑
兩舌之罪亦令衆生墮於地獄畜生餓鬼若
生人中得二種果報一者得破壞眷屬二者
得弊惡眷屬
惡口之罪亦令衆生墮於地獄畜生餓鬼若
生人聞得二種果報一者常聞惡聲二者所
有言說恒有諍訟
綺語之罪亦令衆生墮於地獄畜生餓鬼若
生人聞有二種果報一者說正人不信受二

者而有言說不能藉

貪欲之罪亦令衆生墮於地獄畜生餓鬼若

生人中得二種果報一者貪財無有猒足二

者多求恒無從意

瞋恚之罪亦令衆生墮於地獄畜生餓鬼若

生人中得二種果報一者常為他人求其長

短二者常為他所惱害

耶見之罪亦令衆生墮於地獄畜生餓鬼若

生人閒得二種果報一者常生耶見家二者

心恒諂曲

諸佛子如是十惡業道皆是衆苦大聚因緣

尒時大衆之中有作十惡業者聞佛說斯地

獄苦報皆大號哭而白佛言世尊弟子作何

令眼不見之口称作一惡業者聽信詐其土
獄苦報皆大歸奐而白佛言世尊弟子作何
善行得免斯苦
佛言當復教化一切衆生共同福業𠖥何脩
若有衆生今身作大化主造立浮啚寺舍者
未来必作國王統領萬民無往不伏今身作
邑主中正維那輪主者未来必作王臣輔相
州郡令長衣馬具足所須自恣今身率化諸
人作諸功德者未来世中必作豪富長者衆
人敬仰四道開通所向諧偶今身好憙然燈
續明者生在日月天中光明自照
今身憙布施慈心養命者生處大富衣食
自然
今身好憙施人飲食者所生之處天廚自至

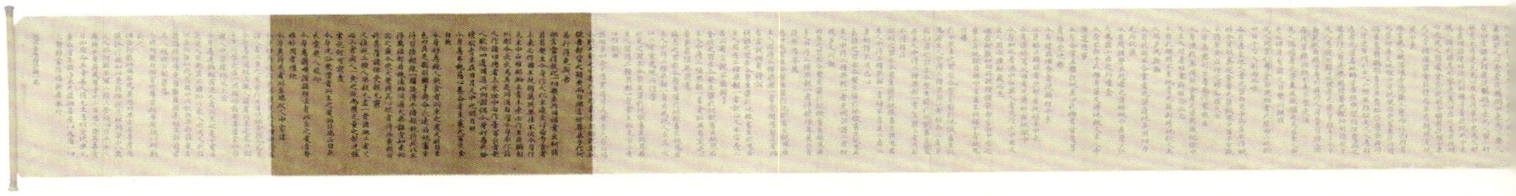

色力具足聰明辯才壽命長遠若施畜生
得百倍報施一闡提得千倍報施持戒比丘
得萬倍報若施法師流通大乘講宣如來秘
密之藏令使大衆開其心眼者得無量報若
施菩薩諸佛受報无窮
又復施三種人果報无盡一者諸佛二者父
母三者病人一食之施尚獲无量之報况能
常施何可窮盡
令身洗浴衆僧者所生之處面目端正自然
衣裳衆人敬仰
令身熹讚嘆讚誦經法者所生之處音聲
雅妙聞者懽欣
令身熹持戒者所生端政人中最勝

令身意持戒者所生端政人中最勝
令身好意造作義井橋梁在道種樹蔭蓋
諸人者所生之處常作王百味飲食隨念即至
令身意妙寫經法施人讀者所生之處口辯
多才所學之法一聞領悟諸佛菩薩常加擁
護人中最勝恒爲上首
令身意造橋舩濟渡人者所生之處七寶具
足衆人敬歎莫不瞻仰行來入出爲人扶接
佛告阿難如我處經中所說因果勸諸衆生
讀誦脩行得度皆難若聞是經生誹謗者
其人現世舌則墮落
尒時阿難白佛言世尊當何名斯經以何勸
發之
佛告阿難此經名爲善惡因果亦名菩薩發

顡脩行經如此受持佛說是經時衆中八萬
天人發向耨多羅三藐三菩提心百千女人
現轉女身得成男子千二百惡人捨其毒意
自知宿命無量善人得无生忍恒受快樂无
量亡者生諸淨土共諸佛菩薩以為等侶一切
大衆歸家作福歡喜奉行

佛說善惡因果經一卷

BD01060　善惡因果經

BD01061 四分律戒本疏卷三

沙門慧 述

868.5cm × 32.3cm

事臥具爛壞垂遠色變佛便制戒　若比丘於僧房中敷僧臥具若自敷若教人敷若坐若
臥去時不自舉不教人舉波逸提　此滿足戒本文有五句一人犯二房處三用僧物四為
已受用五時已下結不舉罪比丘義如上僧房中屏處僧臥具者謂繩床木床椅蓐坐
具下至臥褥四言若自敷若教人敷者為已受用故五言去時不自舉不教人舉波逸
提者不舉之罪律云彼去時應語舊住比丘言与我守舉若无人不畏失者移床
離壁高搘床腳持椅蓐臥具置重衣以餘重物覆若恐壞敗取臥具等置衣架上
堅床而去若不作如是出界犯墮欲去還悔去去吉羅若即日還不久聽二宿界外第三宿
明相未出若自至房中若遣使至語知事人掌護不者明相出便犯不犯者作如上方便或水
陸道斷命梵等者緣開　强敷臥具戒第十六　制意者然物有限事局彼此情同則戒
為彼有意惱即事須進否然知先得住處意欲等量輙便於中强敷臥具共相逼惱非
出家之式故佛所制　別緣有六一先得住處安心已定二他先住三作惱彼意四强敷臥具
五无因緣謂親舊人及病与二難等緣六隨臥犯提　已下正明戒本此曰六群比丘恐十七群比
故佛制斯戒　若比丘知先比丘住處彼未强於中間敷臥具心有念言彼若嫌者自當
避我去作如是因緣非餘非威儀波逸提　此滿足戒本文有四句一犯人二知他先得住
處三後來下强敷相惱四作是下結非威儀罪　初二兩句可知三言强於中間敷臥具者
中間者若頭邊若腳邊若兩脇邊是敷臥具者若草敷葉敷下至地敷氈四言作如是因緣
者謂於彼因緣五言作餘者非病等者緣五言非威儀者所須其容五言文名之是者是已罪如律所言

知他先[illegible]住處[illegible]

識大者唄呪願讀經法說隨他不樂事作一一隨一一不犯者律云若先不知若語已住先与開間若

閒處不相妨惱若親舊教言但敷我自語主若倒地若病轉側墮上若命梵等難一切不犯

牽他出房戒第十七　制意者然四方僧房衆人共有理无邊屬先料理安已定後來之

徒宜共受用瞋心牽出自壞惱他諍競之本損處不輕是以須制　別緣有六一四方僧春冬房

二先至安已定三作惱亂彼意四瞋心牽出五无因緣為嫌等不犯故六隨出門便犯　已下正明戒本　此

因六群比丘共十七群比丘道行至小住處十七群先入寺掃灑房舍令淨六群知彼得好住處遂

牽出房比丘嫌過佛便戒　若比丘瞋他比丘不喜僧房舍中若自牽出若教人

牽出彼逸提　此滿足戒本文有四句　一犯人　二瞋心　三是衆僧房私房不犯　四若

自己下牽出結罪　前三句可知　第四言自牽出至彼逸提已來是違犯罪故律云隨所牽

多小一一皆犯　若牽多人出一戶　多提　若牽一人出多戶　多提　若遣一人出一戶　一提　若牽多人

出多戶　多提　五分若後屋牽至前屋　牽至戶外　牽至庭中　牽至庭外　一一犯提　若持他物

擲出者戶外開他外　善見云若牽他出時若抱柱捉戶倚壁一一提　若牽於此隨語一一離一一提　若

瞋驅异驅出越　若言出去无益　初驅出无罪　十誦若言[illegible]眼應去　經行不能經行應起房

處不應惱他　五分若降伏弟子而牽者不犯　若持不喜人欲令自出　不吉羅　律云不犯

者无瞋恨心隨次出　共宿過限遣未受具人出　若破戒見威儀為他舉及擯應擯因

此故有命梵難驅出並皆不犯　問前房開親不簡淨穢　此戒簡淨不除親者　答曰前是他物

屬先借者親則无違　非僧住處不故簡淨　此是僧房淨有共住不淨无共驅出无犯

重屋上坐脫脚牀戒第十八　制意者凡事百審危險須慎　重屋之上導滑脫脚之牀

處衆僧者義則无窮非但佛處不故用[illegible]

重屋上坐脫脚牀戒第十八　制意者凡事宜審危險須慎重屋之薄覆脫脚之牀
致身坐卧容有墜墮傷於下人惣處不避是故聖制　別緣有四一重屋二薄屋三脫脚牀
四身坐卧已下正戒本同戒同房重屋皆起過制此戒　若比丘若房若重閣上脫脚繩
牀若坐若卧波逸提　此滿足戒本文有四句一犯人二重屋三脫脚牀四坐卧結犯初句可知
二言若房者謂僧私兩種房重閣者謂立頭不至上三言脫脚牀者律云脫脚者謂入梐
四言若坐若卧者律云隨脇著牀隨轉側一一言波逸提者是遠犯罪故律云比丘如坐卧者
隨轉側一一犯提除脫脚牀外坐獨坐牀或一板牀浴牀一切吉羅　不犯者律云若重屋板覆若木
作花覆若厚覆若板牀坐若脫脚牀坐若脚安細要並不犯　用虫水戒第十九
制意者慈濟物命道之正要知水有虫故所受用特須物命遠其慈道為存自營
所為无理事是非輕故所以制　別緣有四一是虫水二知有虫水三不作濾法四隨所用犯
已下正明戒本此戒因闡陀比丘起過造屋虫水和泥居士譏嫌仏便制戒　若比丘知水有
虫若澆泥若澆草若教人澆者波逸提　此滿足戒本文有三句一犯人二犯事三犯罪
比丘者義如上釋已下二句可知故律云若不知水有虫无用知即犯提言虫水者濾囊所遮
肉眼所見十云眼所見濾囊所遮若用此水隨虫多少一一犯提　祇云用虫水一息一提隨息
多少一一得提四分云若以草土擲虫水中若虫隨酪漿清酪漿若清麦漿若酢有虫澆
泥草以草土擲中一切皆墮教人亦同五分云隨用虫一一墮律云若以土草土擲虫水中隨河池中
魚虫一一提　大集云畜生身細猶如微塵十分之一乃至大者百千万由旬　祇云細故應
作三重濾[illegible]

看若古意者有虫若[illegible]三重作漉羅若[illegible]

囊不得半由旬行若无漉囊應用衣角漉水律云不犯者若不知至若作无虫想若

大以手動水令虫去若漉水用不犯（若教人漉用）　覆屋過三節戒第廿　制意者身物有限事

成為要貪不知量重覆不已令屋崩倒損惱切德業譏不輕是以聖制　別緣有四一自為己作

屋二使人覆三至三節四未竟不離見聞處四第三節竟即犯　已下正明戒本　律云闡陀

皆起房重覆不已便摧居士嫌言施者雖无厭受者應知足佛隨制戒　若比丘作大房

舍戶扉窗牖及餘莊飾具指授覆苫齊三節若過者波逸提　律滿足戒本文

有四句一犯人二作房法式三指授已下辨限四過限結罪　一言比丘者義如上　二言作大房者多材物

及餘莊飾者刻鏤彩畫　三言指授覆苫者覆者有二種一者縱覆二者橫覆　三言齊三節

者是俱限　律云齊三節未竟指授无犯　四言若過波逸提者是限之罪　故律云若比丘指授三

節未竟人自至不見聞處若不至不見聞處者即犯提罪　若手離見聞處犯吉　見云若過

三節未竟無邊看用隨草把把犯提　律云不犯者如上指授避覆第三節若水陸道斷賊難惡

獸難命梵難故不避第三節无犯　輒教授教尼戒第廿　制意者有三一尼須教授

意者尼是女弱鄙於進善語言業未閑達於理行二教宜若夜遊故須教授由不行儀大僧丈夫於

无障导處處諮承故不別教授　二須善意者教授事難須備德行故委任衆量簡遣有德慈

心訓誨納膝心懷令生解行終登聖道益故須差遣　三結罪意者今不被僧差輒往

教授濫行風教乖愧道道方於尼尼化非法自尊損壞不輕故得提罪

次釋名專任自由不蒙僧命稱之為輒宣傳行德開曉未聞名為教授故曰輒

教授[illegible]

次釋名寺任自由不[?]僧命稱之為輒宣傳行德開曉未聞名為教授故曰輒

教授尼文明具緣通緣如上別緣有五一有少德行為前全无德者不教授之義理不合

善故无輒教尼罪少謂極五如僧五談有五法得教誡尼謂十德中初二八九十等是雖

備上德若彼僧差本大過故次第二僧不差雖不被差若作衆法難教誡已亦自无犯

故第三集尼衆集若說八敬生過義微但得小罪故須第四說法除八敬第五

隨所說法言了便犯 已下正明戒本 此戒因愛道尼來請教授佛令差往僧禁陳往彼

說法六群次往為說世論愛道白佛令羯磨而差因制戒

尼者波逸提 諸是戒本文有四句一犯人二僧不差三輒往教授四結罪 若比丘僧不差教授比丘

言若比丘如上二若僧不差者律云僧中白二羯磨不差要具十德方始成差少謂極五增五

法中說三言輒往教授者律云說八不遠法如律廣說四言波逸提者是僧不差說法之罪

若後餘法即得提罪若說八敬尼常聞故但得吉羅律云若於說戒時上座問若已差僧

差若隨尼請彼比丘赴時到尼亦赴時迎若遠俱吉羅若聞來者當出半由旬迎供給所須

不者吉羅若僧不差非教授日与說八敬法若不差与說者墮若僧病不和合衆不滿應

遣人礼拜問訊尼衆病等亦遣人問訊若不者吉羅律云非日前三後二亦應往也前三者說戒

後三日後三者後說戒日雖復僧差者五日中不應往也此謂往尼寺故誡 不犯者若僧差若

特往若尼為水陸道斷諸難緣不迎礼拜問訊者並不犯 說法至日暮戒第二十二

一制意者凡男女有別居不同處僧尼衆舉動須避譏涉生人信敬曰沒辟衆致外情疑密

六説法不止便犯　已下正明戒本　此戒[illegible]……教授尼日暮不　本[illegible]……
若比丘爲僧差教授比丘尼乃至日暮者波逸提　此滿足戒本文有三句　一犯人　二爲僧所差　三
教授下謂法過時結罪　言若比丘者如上　言僧差者白二羯磨差令授教　三教授至日暮
提者是結罪句　輕重文四　一若至日暮教授提　五分云日暮語々提　若教授外授經若誦經
等犯吉　三若爲餘女授經等至暮一切吉羅　四境想亦吉　律云不犯者　若教授至日未暮
便休　除婦女已爲餘人　若船濟處説法尼自聽　若与估賈夜説法　若尼寺中若因人請但説
便聽者一切不犯　此戒就大僧寺教授有日暮罪　尼不犯　准此就僧尼二寺俱得教尼
譏訶教授師戒第廿三　一制意者　然倫德之人蒙僧差遣慈心教授情存爲法不悕飲食
而見他得利內生嫉妬發言譏訶惱亂賢善事絶兼益損處不輕是故聖制　別緣有六　一
是僧差　二情存爲法不悕飲食　三生嫉妬心　四發譏訶　五言辭了了　六前人聞知犯　已下正明戒本
此戒因尼通教授師供給　六群生嫉妬意　言彼无實但爲飲食故教授尼　比丘白佛々便制戒
若比丘語諸比丘作如是語　諸比丘爲飲食故教授比丘尼波逸提　此滿足本文有三句　一犯人
二譏訶　三結犯　初句可知　二言譏者　訶見他得利心生熱惱故起譏訶　三言波逸提者是犯句　律
云若如上譏訶説了々提　罪不了々吉羅　不犯者　其事實尔爲飲食供養故教授　若戲
若錯説並皆不犯　與非親尼衣戒第廿四　一制意者　凡男女形殊理无交雜　无
緣取与事招外譏　因交致染容壞梵行　損敗不輕　是故聖制　別緣有四　一是比丘尼
二非親里　三虚心与衣　四彼尼領受便犯　已下正明戒本　此戒因乞食比丘与尼衣後因嫌
責數向人説　比丘舉過白佛々呵便制　若比丘與非親里比丘尼衣除貿易波逸

責數人諸比丘畢過白佛，佛以是事告　若比丘與非親里比丘尼衣除貿易波逸

提　法滿足戒本文有五句：一犯人，二非親尼，三所與衣，四除貿易，五結罪。上二可知，第三

言衣者有十種，如上。多論：應量衣提，不應量吉，鉢亦提，非應量鉢、揵鎡等吉。

四言貿易者，義如上下，至藥草一斤相易得。五言波逸提者，結罪。律云：若二比丘共與

一尼衣，或一衣與二尼，並犯提。多論言犯吉者，律但言與尼提，與下眾吉。若依多論，與尼三

眾俱犯提，義亦然。應不同浣衣、廢業，多少中制。又有希數。又律云：尼與大僧吉

罪。若就希數，大僧與希，應犯輕。尼與義數，尼是下眾，奉於上尊，生譏義微，故

所以輕。不犯者，五分律云：若為料理衣業事，若為說法，若為多誦經，戒與衣作衣

並不犯。法律與親尼衣共相貿易，若與塔、與佛、與僧，無犯。　與非親尼作衣戒第廿五

制意同前，俱作衣為異。別緣有五：一是比丘，二非里親，三自送衣遣比丘作，四無因緣。律云

若錯者，浣染持還，三無罪。無犯。五隨所作便犯。已下正明戒本。七戒(?)，緣由(?)譏義(?)，為尼作衣裁

作婬像，成已付尼，令在眾著，居士譏嫌，佛便制戒。　若比丘與非親里比丘尼作衣者

波逸提　法滿足戒本文有四句：一犯人，二非親尼，三作衣，四結犯。上三句可知，第四言波逸提者

是遠犯罪。故律云：彼比丘隨刀截多少，隨一縫一鍼，皆墮。　問：所以不待作成而針針得罪

者何？答：是中多過，故尔。大僧上尊，為下人作衣，多生染患，又招外譏，廢脩正業，容

作非法之衣，具斯諸過，故隨縫隨針得罪。如尼造塔，塼塼得罪者，多並過，故不善法

披看，摹捉，熨治，以手摩捫，若捉角頭挽方正，若安緣，若鍼，一切吉羅。不犯者，與親

尼作，若與僧作，為塔，若借著，浣染治還主，並用不犯。　獨與尼屏露坐戒第廿六

[illegible]

欲三是在门外坐居士共住留為譬比丘擧過令使斷戒　若比丘與比丘尼
在屏處坐者波逸提　此滿足戒本文有四句一犯人二尼三處四罪初二兩句可知三言
屏坐處者律云屏有二種一見屏若塵若霧若烟雲黑闇不相見二聞屏處乃至不聞常
語聲一言坐者一尼一僧无餘人故名屏處坐四言波逸提者是違犯句律云比丘與尼屏露
坐一一得提罪若二人俱坐一一心犯一罪十云屏坐相去一丈提丈五吉二丈不犯祇云共一尼屏坐
或尼請食已尼益食去時一一提比丘應起不得嘿起使尼疑應語言我爲汝起不令尼起若尼
去者不犯多論屏處者无數塊處可作婬處是名屏處律云證人若聾若盲不成證
亦提盲而不聾聾而不盲吉羅若俱吉往者吉羅尼犯吉羅問尼所以輕者答上尊
尊共坐盡容教授去不自由情過是微故所以輕律云不犯者若比丘有伴若有知人有二
不盲不聾若行過倒地若病若力勢所持命梵等難並開不犯
與尼同道行戒第廿七　此過不異前以行爲別　別緣有六一是尼三衆五衆三衆俱犯理在
應分識染不殊故亦前戒意同此例二共期除遇相逢者不離見聞處行論小故須除下
三同道行驗去異路爲无其德四不離見聞處行多論俱離无過互離吉羅俱不離
犯提五无因緣除更大伴行有怖因緣等不犯故亦六隨所度界一一提罪多論水陸二路日行恚
屬此戒故比丘與尼各別乘船同水路行越界得罪多屬此戒同乘一船落在後戒已下正
明戒本此戒因六群比丘與六群尼人間遊行居士譏嫌比丘擧過佛便制戒　若比丘與比丘尼期
同道行從一村乃至一村除異時波逸提　異時者與估客行若疑畏怖時是謂異時

[illegible]
同道行從一村乃至一村除異時波逸提異時者𦇵與估客行若疑畏怖時是謂異時
具滿足戒本文有五句一犯人二共期三同行四除緣五結犯初二兩句可知三言期者期共至某
處三言同一道行乃至一村者是同道行者村間有分齊行處是四言除異時者開緣不犯
五言波逸提者趣界結犯句律云隨村分齊衆多界多少一一犯提言衆多界者謂衆多
村界非村落空處行乃至十里提若減一村若減十里得吉若多村間同一界行吉方便共期
不行亦吉尼亦吉羅尼是女弱無漏丈夫以為伴援情是微五分云從此聚落到彼聚落
及无聚落處半由旬犯提律云不犯者若不共期天估客伴行二疑處疑有賊盜三恐
處怖怖有賊盜四若往彼得安隱五若勢力所持命梵等難並開不犯十誦為尼死
遊險路　与尼期同乘船戒第廿八　一識過前正以船為異別緣有六一是尼二衆二共期三
乘一船除異船不犯違戒罪順流上下三意除為直渡船失濟不犯五天時緣難去命難
力勢所持或彼岸不得安隱六雙脚入船便犯已下正明戒本違戒緣如前　若与尼
尼共期同乘一船上水下水除直渡者波逸提　一具滿足戒本文有五句一犯人二与尼共期三言
同乘一船上水下水者犯乘船三意以其相隨欲得久住故四言除直渡者是開限以其直渡非
久故无過五言波逸提者是遠犯結罪律云共期雙脚入船提一脚入吉多論若船
有多白衣期无罪或船有一比丘多尼或多比丘一尼隨境業多少犯十誦提縱有俗人為第二
亦犯以其情同久處譏損非輕不故坐行是暫故開有邊人不犯若期別船並去及東犯
同道行隨聚落界多少十里犯若期与俗女人同船亦是犯[illegible]下旁文舍共女人上
[illegible]

食尼嘆食戒第廿九　有四種過故制：一者違尼嘆德行相養求利長己貪屠壞
正命知足心故；二偏心由嘆現情親厚好私致外譏損處不輕；三令施主隨言供養食无
德之人，即是損惚施主闕奉福田及報之益；四致使好人令他施主於於勝福下生敬重，
又是惚乱賢善，具斯多義過，是故聖制。　別緣有四：一是尼歎德教化食；二知歎；三受得
四食之，咽咽犯提。已下正明戒本。是戒居士請舍利弗等，偷蘭難陁尼言所請並是下賤，若
請者應請達等龍中之龍，食還具談，佛便制戒。
檀越先意有請者波逸提　是滿足戒本文有六句：一犯人；二知；三讚嘆；四得食；五開緣；六結
罪。初句可知。二言知者，律云若不知食无犯。三言尼讚嘆者，教化者。律云讚言謂阿練若乞食
人乃至持三衣，嘆多聞法師、律師、坐禪。四言得食者，從旦至中得食。五言除檀越先有意
者，律云彼有施心故，開不犯。六言波逸提者是犯句。律云若食所嘆食者咽咽犯提。飲除
食得餘，襯衣燈油犯吉。祇云除舊檀越乃至下食已唱等供食時更有餘比丘尼
更言有比丘，施主言善哉者不犯。若尼言此十二頭陀者，若言多與好食平等與不
犯。通讚一眾、一切不犯提。若某甲眾至精進為是比丘故，通請廿一人名讚嘆餘者不
犯。若有嘆食不得舍去，當展轉貨食，若比坐捨穢不淨不喜與貧者，當念[illegible]中食
是某比丘許我當食不犯土分。若先不知臨時言好與比丘食者不犯。問：所以得襯衣燈
油犯者吉。答：財物利重，情著難捨，又是別屬，理无通用，勸捨義希，致受不數，是以犯
輕。食无獨食，勸轉義易，致義數，是故制重。燈油外用，嘆勸亦希，是以制輕。又大僧

由犯者云[illegible]

輕食無獨食勸輔義易致義數是故制重燈由外用嘆勸亦希是以制輕又大僧

嘆尼義希致受不數故尼犯輕律云不犯者若不知若先有意若無教化想若尼自作

若檀越令尼經營若不教化而乞食與者並開不犯

與女人期同道行戒第卅

制意者同前唯以俗女為異別緣有六一是女人二共期三同一道行四不離見聞處行五無

難等緣六隨所越界分齊便犯但使共期不問第三人多少皆犯以非同法不類於尼

開多伴行已下正明戒本此戒因那律於村為緣起　若比丘與女人共期同一道行乃

至一村間波逸提　此滿足戒本文有五句一犯人二同行境三共期四同道行五結犯

初句可知二言婦女如上三言共期者律云共至某村城國土四同一道行至村間者律云有分

齊行處是五言波逸提者律云若村內一界行一墮多村內多界行多墮餘亦如前

與尼同行界說不犯者先不知若不共期須往彼得安若力勢諸難等皆開不犯

施一食處過受戒第卅一　制意者篤信居士割捨家財造立住處擬心一食

俟施眾僧宜量其分稱施而受即彰內有廉節之心外不損施主令大歡不者過

受傷施食長貪惱物敗善增惡過損不輕是故聖制別緣有五一非親居士限施

一食二知限一食三無病及諸餘因緣四過受食五受則便犯已下正明戒本此戒因六

群比丘起過故制　若比丘施一食處無病比丘應一食若過受者波逸提　此滿足戒

本文有五句一食處二無病者及餘開緣三比丘者犯四應一食者食之分齊五若過結犯

一言施一食處者律在中一宿也食者謂時食除餘三藥輕故二言無病者及餘開緣律云

[illegible]

律云若病比丘一處過食結墮，若受餘僧與衣及燈油犯吉。所以食重衣輕者，食資
最急，人善過受，又復受用體壞損施主，故所以重。施主造立福舍，安僑身衣，聽一夜受用，不
聽者吉。過受義希，雖過受用，衣體不壞，獨屬施主，損惚義微，故所以輕。燈油塗足
雖略盡壞，身外受用，過受義希，是故犯輕。問：別食七緣，此獨開者，病。答：然病人善
惚吉。即成惚損，往則有益，施主體禁不生譏惚，是故聖開。別眾食中施主請與開六
無損。此戒一食後無施，以若二緣開便成損惚，故無餘六。律云不犯者，一宿受食，若
病過受，若居士請住與食，若次第請食，若水陸道斷等緣，並開不犯。

展轉食戒第卅二　制意者，然篤信居士供辦美食，延請眾僧希存受用，而今許而
後違，使他飲食徒設，而已無供僧之益，損惚施主，其過非輕，所以聖制。釋名者，受前請
已，復受後請，主背彼此，稱為展轉，故曰展轉食戒。具緣，如上別緣有五：一先受前家五正食
請，二食體清淨堪飽足，三更異處受五正食請，四無因緣，謂除有病及施衣時權請
因緣不捨前請，五隨食即犯。以初二緣，前請對第三後請對可為三對四句，前後俱堪足一者
互次一俱不足，下三皆吉羅。須足不足為四，初前後口口皆犯提罪，須三者至等量得吉羅。
淨為四，俱淨前淨此二皆提，餘二皆吉。已下正明戒本。此戒食獨後受正食，檀越譏嫌並
犯過，僧制戒。若比丘展轉食，除餘時，波逸提。餘時者，病時、施衣時，是謂時。
此滿四戒本文有四句：一犯人，二所犯事，三開緣，四結罪。時者已下通前第三。初句可知。二言展
轉食者，律云皆請食也，請有二種：一僧次，二者別請。食謂五正食，飯、麨、乾飯等。三言除餘
時者，是開緣，如下說。四言波逸提者，是犯句。言開緣中病時者，為病比丘不能一坐好食令

時者是因緣，如下說。四言彼遮提者，是犯自言，因緣中病時者，為病比丘不能一坐好食令
足，故聽无犯。三言施衣時者，有二：一月衣時，為迦提月；二五月衣，為功德衣月。故律云：自恣竟无
功德衣一月，若有衣五月。更求復有餘施食及衣，受聽皆請。問：所以開病者？病苦之人，揔若不開
所宜，於命難立。又施主體知不生譏嫌，故皆无罪，非情所制。十二月常開，不局時限。施衣開者有
二義故：一為益比丘有待之形，假衣資養。若施時不受，後須難得，恐无理求，多生患累。
二者為利家施主，使衣食二施獲得兩種果報之福。為斯二益，聖制許衣利，既重或長
貪結，故以時開之，非一切時。故文言一月五月。律云：有餘施食及衣，聽受者，前言一月是時，提時望
衣食，是時家之餘。單時无開，要假施食及衣，故言只有請後衣請，取衣无犯。還三前家食
不食後信，故言三前家食請後足食請，皆犯提罪。衣作頭，只有三句：一前衣食請，亦衣後
食請，聽皆无罪，以衣後或多及勝。二前家食請，後單衣請，如前。三前家衣食，後唯食請，犯
提。祇律云：若到俗家，言今我家食，即名請處。作食未熟，為往他家，應白而起，不白而起者
至彼得正食，犯二提罪：一不白故，二背請故。四分律云：若得多請，應捨前請而受一請，不爾者
咽咽犯墮。若不捨後請食，前請咽咽吉。若一日受十請，食最後犯一提，八吉，以其初一是前，餘八是後
若皆後，九得九吉羅。若食中間比說，可知。伽論云：若受前請，往至請家，坐上未食，若更
有異家送食，若食後家食，犯。皆請食前請已，即坐食後家食，犯。律云：不犯者
若病時、施衣時；一日得多請，自受一請，餘者迴與施人；若請非正食，或不足食，或无請處，隨
食不犯；或一處再設正施主一致，无背請，一切開不犯。

別眾食戒第卅三

制意有二：一為息惡，白衣設供，常食有限，事難[illegible]，少易共，多則須易主，[illegible]

食。若檀越請人故[illegible]別[illegible]食[illegible]

處成眾，以眾他不共同味，故曰別眾食戒。次解具緣，通緣如上，別緣有七：一有施主，二別請別

乞，三五比丘食，體清淨，在時中食處成眾，五知界內不盡集，六無因緣，七食便犯。已下正明戒本。

此戒因提婆達與五比丘家家乞食，故佛制戒。 若比丘別眾食，除餘時，波逸提。餘時者，病時、

作衣時、施衣時、道行時、乘船時、大眾集時、沙門施食時，此是時。 此滿足戒本文有四句：一若

犯人，二別眾食，三除開緣，四結犯罪。下言餘時誦前。第三句，一言若比丘者，義如上釋。二言

別眾食，律云若四人若過四人名眾食。食者，飯、麨、乾飯、等，三四兩句可知。三言除餘時者，誦

前第三開緣。一言病時、作衣時、施衣時，此三緣如前戒說。第四言道行時者，律云下至半由旬內有

來去者，佛聽別眾。第五言乘船時，下至半由旬乘上下者是。第六言大眾集時者，八人已上

名為大眾。食無儲供，又是難得，開使不犯。已下小眾食雖得，容有兼濟，故亦不開。又言

大眾者，四人已上名為作大眾，故律云食足四人，長一人為患，乃至百人長一人為患。此是兩

家聚落，東家限與四人，西家為與一人，彼此二家施心有限，局各不相容融，餘處乞食復

是難得。若不開者，西家一人與東家四人作患，由是患故，開使不犯。此謂舉患以開，不患如是。乃

至百人長一人為患者，但使食食難得患，皆不犯，故云大眾集時。第七言沙門施食時者，律

云諸外道中出家者，是名沙門。施食緣如律中廣說。准此而言，比丘施食，不開別眾。祇律云：比丘

無別眾食緣，當言我於此別眾食。無緣應求出，若三三人隨意食。若四人應作二部，更

互入食。律云為攝難調人故，制不聽別眾食。若依多論，界內不集，名別眾。若作四相有客

比丘來，遮不聽入，亦是別眾。若依僧祇，僧次不差往者名別眾。若先別請，後不遮入，轉別名次。

餘義要知大疏說。律云不犯者，如上七緣開食無罪。多論：若四人各自乞食，共一處食，無有過。

餘義廣如大疏說。律云不犯者，如上七緣開食无罪。多論若四人各自乞食共一處食，无有過
非一家故。善見云：人各別乞至同處，一時受，皆无犯；二各各去，一時受，犯小罪；三各去各受各食，不
犯；四若一人覆鉢不食，待餘三食竟，後一人食，不犯。多論三比丘：一狂心，二人在內，一在界外，三是大僧
一是沙彌，悉皆不犯，不成別衆，不相足數故。又有四句：一食主是一，盡集无過；二食一處，二彼此不
異，故不犯；三食別處，一前後食，故不犯；四食別處，別彼此二衆，來請一人，不犯。善見云：土種足
四不犯：一不請足四，施主別請四人，一人去，不檀越見少，臨中見一比丘，即喚與食，情无簡別，故名僧
次；二乞食足四，亦以別請一人不去，臨中見乞食比丘，至彼依次與食；三沙彌足四，鉢盂足
比丘別請四人，三人身至，一人盡請去；二病人足四，狂等病，至非別衆食，皆不犯。
取歸婦價客道糧過三鉢戒第卅四　制意者，然歸婦價客，棓已塗糧施諸比丘，理
宜將護，依限而取，今乃過取三鉢，令食盡竭，長貪壞故，損物棄疑故，所以制。別緣具五：
一歸婦價客道糧，二知是，三无因緣，除有二病緣不犯，四過三鉢，五出門便犯。已下正明戒本。比
丘戒因乞比丘往彼歸婦取塗糧，又從商客數乞，因起過失，仏便制戒　若比丘至白衣請
家，比丘與餅麨飯，若比丘須者，當二三鉢受，還至僧伽藍中，應分與比丘食；若比丘无病過
三鉢受，還僧伽藍中，不分與比丘食者，波逸提　律云滿足戒本文有三句：一犯人，二開受
分齊，食之方軌，三若无病下，已過取遠教結罪。初句可知，第二句中文有三節：一施塗糧
若二比丘下，教受分齊，所以開齊三者，為令施主獲多報之福，亦令比丘資身長道；三
還僧伽藍下，教食方法。第三句文上第二受等文，並相中初可句知，如上三句言白衣家者，律
有男有女。文曰：言與餅麨飯者，是三食；言二三鉢受者，是欲受多少。舉多論云若上許

取一食无罪由食犯中食取二不犯 不得此下食取三不犯四人食无犯丈云過三食者

下鉢者言第二言无病者是開緣律云為不能一坐好食飽足故聽不犯三言過受犯提者是

第三結犯句律云若一人取過三鉢前三人不犯以不過限故後人犯以前三人語莫持來而

往取過限後人出門彼限即犯提罪若方便協者吉羅五分云過不分比丘食但犯提

罪四分過受犯提不分故吉祇云女及賈客吉後不犯律云不犯者若兩三鉢受若

病過受若自已共分若彼自送僧寺若送尼寺俱受不犯 足食戒第卅五

制意凡食以充飢軀為用過則長貪少復不事須節量但四大身力報有羸致聖

持補有四種之差始於一搏終至作餘食法減是節量隨根之法今第四人不作殘法弄

食去也長貪妨道遠教懲除故所以制 別緣有五一是足食二足食想三捨威儀四无同緣

除有病及作殘法同緣不犯五更食隨犯 已下正明戒本 此戒同貪餮食不知足食比丘起過

故制斯戒 若比丘足食竟或時受請不作餘食法而食者波逸提 此滿足之

戒本文有三句一犯人二食足三違犯結罪 初句可知二足食中文二初食竟者律云諸足

緣有五一知是飯善知正食犯足非正不犯足二知持來知彼為我持來境多足三知遠五正

食聖制不聽一日兩時飽食故曰知遠即知前坐食多堪飽鄰於日中少食不鄰故曰

知遠四知威儀知住坐卧四儀隨壞一一犯足故五知捨威儀若坐牀而食前境堪足怱

住頭取与後分離牀之例故曰捨威儀具此五緣即名食竟 言或時受請者五僧檀

越食五處成足故 第二句言不作餘食法者違開緣律云若比丘食未足應持食對前

比丘言我足食已大德知是看是我作殘食法彼應取少食已當語彼言我止取食之言亦

食者皆是違是違犯結罪故集云足食已捨威儀不作餘食法後若食已不已咽咽犯

比丘語知足食已大德知是[illegible]
食者波逸提是遠犯結罪故律云足食已捨已威儀不作餘食法後若食已不[illegible]犯
隨其云云不作殘食法口口犯提律云不犯者食作非食想不受作餘食法非食不作若病不作
若病不作法病人殘不作法若已作餘食法一切不犯

勸足食戒第卅六

制意者
然出家之人理益物逆相近道等勸修衆善今乃惡心勸彼令他得罪已招自毀人我
俱損理所不應是故聖制 別緣有五一他足竟二知他足食三惡心勸彼欲令他犯四不作
餘食法五前人食便犯已下四解戒本律戒兄弟同作比丘一者貪餮嗜食不知足食餘非
不餘食得而食之以彼可責去心懷恚見彼食惡心殷勸食以便制戒

若比丘知他
比丘足食已若受請不作餘食法慇勤勸慇請與食長老取是食以是因緣非餘非欲令他
犯者波逸提

律滿足戒本文有四句一能勸犯人二知二他二種食竟四不作餘食法下勸
足結罪以是因緣者明能勸之意 弁相中初句可知四釋勸意者為使他犯故勸令食言
非餘者謂非不犯及供養食意等律云彼若食者二俱犯提前人不食若作法而食者勸人
得吉羅若持病殘食欲令他犯勸者犯吉由惡心故制同罪 律云不犯者勸令作法
謂不犯等故及養食供意故勸食者悉皆不犯

非時食戒第卅七

凡食有時節數則
致患事須限約軌赴合宜是以始從平旦富終至日午事須應法名之為時過非宜長
貪妨道招世譏過事不應法廣生罪累名為非時故毗羅三昧經云平旦諸天食日中應
法食日西畜生食日暮鬼神食出家應依法故制同天法二種食名時多論云四義故依
制中前食一始從日出乃至日中其明轉盛名之為時聽食无過從中後乃至後夜其明轉促故
[illegible]

會遊戲若乞生嫌故第不服三從旦至中作人事務妨修業若乞不生譏故聽乞食從
中巳後事務休息嬉書咲入村乞食多被譏謗受諸惱辱故不聽食四從旦至中正是乞
時為濟身命故聽乞食從中巳後宜應靜緣循道遶坐念誦持禪非是往來時節是故聖
制不聽入乞犯緣有四一非時二非想三時食四食咽咽犯　已下正明戒本此戒因難陀跋難陀及迦
留陀夷起過故制斯戒　若比丘非時受食食者波逸提　此滿足本文有四句一犯人二非時
三食四結罪初句可知二言非時者從日中乃至明相未出三言食者律云食有二種佉闍尼食及
蒲闍尼食僧祇云一五正食二雜正食枝葉花果細末磨等名佉闍尼善見云佉闍尼食者
米麦作飯麨等是蒲闍尼者一切菓是四言波逸提者是遠犯結罪句故律云若非時食咽咽
墮若非時將求明相出若七日藥過七日皆犯已食過時故藥過限失受故若盡形藥无限故犯吉
羅律云不犯者作黑石蜜和米作法若有病服藥時過者麦令汁不破漉汁飲若喉中咽出還
咽不犯五分云病人不復食腹中空悶聽以蘇塗身故不差超塗身猶故不差以蘇和麨塗身又不差
以湯洗若不差瓦盛肉汁坐中如是等足以至曉一切不得過食　食殘宿食戒第卅八
制意者凡飲食繫心穢近則長貪令人不節又軀現處盡義无貯畜故宜別處理无苦宿
是故聖制緣有三一是殘宿食二知是殘三食即犯　釋名者今日所食是時日之餘殘經宿
夜日宿故名殘宿食戒　已下正明戒本此戒迦留陀夷羅比丘坐禪思惟疾苦食先得者
仏因制戒　若比丘殘宿食食者波逸提　此滿足戒本文有三句一犯人二殘宿食三食便
結犯初句可知二言殘宿者食律云今日受已至明日於一切沙門釋子受大戒者皆不清淨
食有二種一正食二非正食正食者飯等五正是非正食者根菓食乃至細末食等三言食

食有二種一正食二非正食正食者飯等五正是非正食者根菓食乃至細末食等三言食

波逸提者律云若食宿食咽咽犯墮一向殘殘与宿為一異若有四不同一殘而非宿且受四藥不

迦口法過中若犯吉二宿而殘謂未受食或共同宿食犯吉不宿无犯三名殘名宿若食犯墮四

非殘非宿食无罪殘宿內宿名作四句一是殘宿非內今日受食安界外不共宿非內宿若

食得提二是內宿非殘三四句類知善見云多比丘一沙彌共行比丘名自擔食至時各各自受

已沙彌語比丘云我已分与德大易易得已復与第二比丘易乃至下座若沙彌不解者比丘

自持食与教共易得无犯以无殘宿忍餅等過乃至持來行沙彌小比丘得作飯唯不得然火若

沸不得吹扰吉羅熟已如上分展轉易者得五分比丘殘菓与淨人已不作還意後淨人還与比

丘言雖手已名淨食无犯　祇云莫問時非時受若過非時如錢胸若食得提停過須臾

後停食食提五謂旦起受食至中過中已去限須臾若過時名曰非時　十云沙彌持不淨鉢

与比丘若无急事不應使持應從受若洗鉢已不得摩拭食時者應淨手若摩頭口

手相揩者即須卻洗若捉袈裟亦應須洗律云不犯者若病受食与父母若塔作人計

價与後乞食无犯若鉢孟有孔罅食入中如法洗除不出者得食故律云若鉢缺餘

善器極用意三洗以蠟用食不犯若宿食蘇油灌鼻若隨唾出棄餘不犯

不受食戒第卅九　多論云五義制故不聽自取食一為斷盜竊因緣故二為作證明

故從非人受食得戒受不戒證明謂在曠野非人人所為是制聽若人中非畜无知小兒悉不成受

三為止誹謗故四為成少欲知足故五為生他信敬心故為令外道得益故不　別緣具四一是食二

復此制弃

自一犯人二不受三食體四開緣五結犯釋相中初句可知二言不受者律云他不與未受者是

受有五種一手與手受二手與持物受三持物與手受四持物與持物受五若遙過物與者

受者俱知中間无所觸得墮手中是復有五種一與身身受二衣與衣受三曲肘與曲肘

受四器受五若有因緣置地與是為五三言食者明所食體律云佉闍尼食根細末磨

及五正食等是為食體四言除水及楊枝者此明開緣祇云若楊枝咽汁者須受水濁

者須重覓亦受五分若水性醎不著鹽曬不受飲又水性黃者自飲无罪五言成後提者是結

犯句律云若不受如上著食隨咽隨犯亦論云若破戒被擯別住十三難三舉滅擯應滅擯

學悔人等所受食清淨者若取食不受戒五分從人受成若從非人畜生受患戒若在曠

野无淨人處聽自洗燒器衣淨人去米自煮若熟從他受祇云曠野中行牛上受食長袋

連繩日一繫小置牛上人不得觸之至時比丘引繩比丘受取四云受受莠十云飛鳥來啄

曰去但棄啄處餘殘得食見云天人鬼神畜生飛鳥皆成又若塵土落鉢中可除者去

之餘者不犯細者更受若病多緣大小便灰土得自取十云聽樓食行不使人見若食當下道

取一摑不受而食也是无人處若有人處自樓粮從他易淨食又山野處无人者日中不得往

返應七日自作先淨未取祇云口中有熱氣生瘡須咽楊汁應棄咽不犯若淨行果墮菓

應詰懸放果墮華上即去者不名受小停者名受若淨雜人得自至食處物受而行若

淨墮不離地名受而非威儀五分律云若不正食不與自取著口中咽咽墮非時七日限

過亦墮盡形无緣不受食犯不犯者取淨水楊枝若不受蘇油灌鼻與唾俱出餘犯吉

過非時食無緣不受食犯不犯者取淨水楊枝若不受頭油灌鼻中與唾但出餘犯吉
乞食時鳥銜食若風吹墮鉢中除去去食乃至一指爪可除者不犯　索美食戒第卌
制意者出家之事特宜廉潔今貪著美食味求索好妙食長己貪結惱亂施主識
招世譏過是故聖制　別緣有五　一是美食乳酪魚肉等　二詣非親乞　三為己乞　四無因緣為病
一坐間不堪食飽者　五食即犯　已下正明戒本　此戒因跋難陀從檀越索雜食被譏訶責比
丘舉過因制此戒　若比丘得好美食乳蘇酪魚及肉若比丘如是美食無病為身索
者波逸提　此滿足戒本文有四句　一犯人　二食體　三無緣　四為己結犯罪弃相者可知祇支不
從屠兒家乳酪家乞恐招譏過屠家乞綿名句此例　問律結屠者何　答屠是惡弱求索美
食女人所諱為之義希故犯吉　大僧丈夫身報力強夫乞美食資身數故是以犯提　律云
不犯者病人自乞為病人乞或自他交乞不求自得並皆不犯　與外道食戒第卌一
制意者三種過故制不與食　一異見邪情反相壞俗外難與理觀雖復惠施不二何其息反報
生譏謗　二耶見乘宗非真福田令以施主之食授與外道損他施主不得勝田獲反報之福
三躬自持食授與外道容生慢倒謂外道是勝比丘不如以斯過故不許自手與食　別緣有
五　一是出家外道甄去在家
外道白衣犯輕故　二知是出家外道不知犯輕　三非親若與父母外道其恩重故聽　四是食與
衣義希故犯小罪　五自手與除置地遣人與不犯　六彼手受即犯　已下正明戒本　此戒因阿難分殘
食與乞人故女外道得食又謗故佛制斯戒　若比丘外道男外道女自手與食波逸提
此滿足戒本文有四句　一犯人　二所與處　三與業　四結罪　言比丘者義如上釋　言外道男女者
果花果此學人除外出家者是　言自手與食者若乞非正食乃至蘇油等不置地不使人

与者名自手与。言波逸提者是遠句。律云彼若受与者於……

一擿別者使自取，不得持僧食与。若与乞兒猪鳥等，應量食多多少，然後持減，不得持多。外

与十六外道伺求長短，与食不名汙家。多云与時人見者，自与不犯。若僧并与僧食无過，唯不

得自手与。律云不犯者，若置地，若使人与，若与父母外道，若作仏塔僧房人計價与，若勢力彊奪，

並皆不犯。　先受前請後食他家不囑戒第卅二　三過故制：一者凡俗里多務，爲善難

掇，其家業專崇福會，已許受請，行詣他家，廢君事善，處不轻。二既有食處，宜息緣

循道，无事遊散，妨廢所習。三共衆受請，皆入衆落，令他施主見僧不集，竟不設供，稽留大

衆，使不得飽滿，惱衆殊深，故聖舉制。別緣有五：一先受他請，以不受故，仏開不囑入村。二食前

後。三不囑。四除白衣家，除詣伽藍，又除病作衣等緣。五入門犯。已下正明戒本。去戒跡雖

随，故令僧食時不得食好菓，故制斯戒。　若比丘先受請已，前食後食詣餘家，不囑

授餘比丘，除餘時，波逸提。餘時者，病時、作衣時、施衣時，是謂餘時。　去戒文有三段：初略制，次随

制，後廣。制爲前食故初略結，爲後食故随結，爲請喚故廣制。就廣戒本句有其

五：一正明是比丘先受他請，二食前食後至他家，三不囑授，四除開緣，五緣結犯。除時者已下

誦前第四句并相且釋。初句可知。二言前食後食者，從明相出至食時名前食，從食時

至日中名後食。三言不囑餘比丘者，律云若同房同住同界者，應令知受請處。四言除餘

時者，是開緣。於中有三：一病，二作衣，三施衣，義如別衆食戒說。五言波逸提者，是遠犯結

罪句。律云若受請已，欲至餘家，不囑同界同受請者，若入門便犯。不同界摶食戒囑

異，爲囑同界者含有兒義。故律云若囑授指村而中道還，若至餘家，或至寺内庫

異處隨所界者名有覓義故律云若隨掇樹村亦中道還若至餘家或至寺內庫
藏處及眾僧邊房若尼寺若至彼白衣還家出並失前隨受更當隨他若不囑
求者入門即犯律云不犯者如戒本開緣及無比丘可囑至餘庫藏及尼寺若家家
多數具坐請比丘戒一食隨至皆是請處是故不犯十云若食不足若不至餘處
求不犯多云檀越明該供比丘今日往犯提除噉不犯

食家強坐戒第卅三

制意者凡在家俗人婚會無特坐不去妨彼耶心逆相逼乖理非所宜又復出家離穢受深
之所事須防遠容自壞心行外涉譏醜故所以制　别緣有四一是家現去斷婬欲家及
二俱受齋不犯二夫婦當所居屏處三無第四人申四手不户處坐便犯　此戒因迦留陀夷
起過佛便制斷　若比丘在食家中有寶強安坐者波逸提　此滿足戒本文有三
句一犯人二食家有寶三強坐便結犯　并相中料句可知　二言食家有寶者律云男以女
為食女以男為食故名食家寶者七寶夫妻相重如寶故名中有寶五分云男女情相
共食名食家十誦云婬欲家及受齋戒名非食家　三言強安坐者律云若舒手不及戶處坐以
防其事故名強安坐　三言波逸提者律云若比丘在食家夫婦俱不受齋強坐犯提若二俱
白犯吉若俱受齋不犯祇云見色受者故名食也　此食為四食之中是觸食以眼根對色
故名觸食五分云若知妨其事者犯十云比舍多人出入不犯多云言有寶者以著寶衣輕明
羨致故四云第四人若盲聾俱有亦提手有吉羅一盲一聾并戒又不犯比丘立亦不坐吉羅
不犯者若食有寶舒手及戶處坐若有二比丘為伴有識别人若作人在一處或從前
逕過不住若病蹶倒地若力勢所持或被繫縛或命梵難不犯

屏與女人坐戒第卅四

坐犯。已下正明戒本中犯同前戒　若比丘在食家中有寶在屏處坐者波逸提

文有四句：一者犯人，二食家有寶，三屏處，四結犯。釋相中文前二、後一可知。三言屏處者，若樹墻

壁籬柵若衣及餘物障，故名屏處。此中犯者，謂夫主不在，獨與其妻屏坐，故犯提。多論云：閑

戶外有淨人者，戶內有淨人不犯。祇云：若母姊妹若大小淨睡眠、癡狂、嬰兒，雖有是人，名獨

不堪為證，故同犯。住若淨人作務來往不斷，若閣上閣下淨人看見者不犯。開緣如前戒

獨與俗女露坐戒第卌五　制意同前。別緣有四：一是俗人女，二是露處，三无第三人，四是離

見聞屏，亦非重物障，故稱露。故與前戒並開第三人。四在身手內坐犯，若申手外吉

已下正明戒本所犯戒緣與前戒同　若比丘獨與女人露地坐者波逸提　七滿足戒本

文有四句：一犯人，二犯境，三犯處，四結罪。初句可知。二言獨者，一女一比丘。第二言女人者，是犯境。律云

人女有知命根不斷。第三言露地者，是犯處，謂在家見聞屏處相去申手內坐，故律

律云相去一丈犯。第四言波逸提者，是遠犯句，故律云獨與坐无第三人為證，隨起還坐，隨

尔數墮。相去一尋內犯提，一尋半犯吉，二尋已外无犯。十云相去一丈提，丈五吉，二丈无犯

辯相開緣並同前戒不犯　駈他出聚落戒第卌六　制意者，凡出家之人理

懷貞實忠信，自居先許他許他家食，而懷惡心駈出，時限已過，使他一日不得食，以惡

駈處至重，故所以制。別緣有六：一是大比丘，二先許，三不与食，四无因緣，謂有難，命梵等難不犯

故，五惡心駈出，六相離見聞處。戒彼去以已去故。已下正明戒本此戒既離，隨令餘比丘至食

時駈，不得食，仏便制戒　若比丘語餘比丘如是言：大德共至聚落，當與汝食。等彼比丘

不竟教與是比丘食，語言：汝去，我与汝一處，若坐若語不樂，我獨坐獨語。以此因緣，非方便

不責數与是比丘食詐言比丘去我与汝一處若坐若語不樂我坐我獨語以是因緣非餘

遣他去波逸提　是滿足戒本文有三句：一犯人，二語餘下至与比丘食明知將至聚落許与

彼食，三彼比丘貪不下已不与彼食遣去結罪。以是因緣者謂是惣因緣，非餘者非餘不

犯等如緣上无威儀等緣。并相者初句可知。言聚落者有四種村，如上。言遣食者謂是正明

律云若方便語見處至聞處犯吉羅，作吉，見聞俱離犯提。律云不犯者与食遣去，若

病若无威儀人見不喜，自送食与，若破戒破見等，若命梵等難，若无惡限，亦无嫌心，

悉皆不犯　過四月受請戒第七十四　制意者然篤信士供辦美藥延請

僧衆，虔心供養，施主有限，宜應時護稱施而受。今過受他藥，長貪惱物，敗善增惡，

損處不輕，故令聖制。緣具六：一是藥請，二施心限定，三知期限定，四過限而受，五无因緣，六食

咽咽犯。已下正明戒本。是戒六群比丘起，過故制戒

過受除常請更請分請盡壽請波逸提　是滿足戒本文有六句：一犯人，二藥請，

三无病，下教者四月受，五開緣，六過受結犯。并相中比丘者如上釋；二四月請与藥者，律云四月

者夏四月也，祇云春夏冬三時俱犯；三言无病比丘病應受者，故者四月受也，是受藥方

法；四言若過受者，正明過四月受。律云若夜受有分者，夏四月應受；若夜无先分者，隨施

時應受；五言除常請者，明開受緣。律云常請者，施主有作如是言：我常与藥。更請者，數已復

復更請与藥。分請者，持藥至伽藍中分与。盡形壽請者，施主言我常盡形与藥。六言刪四

句過違開緣。第六言波逸提者，是遠犯句。律云四藥之中過受三藥俱犯提罪，故伽論過

受時藥亦犯提罪。七日盡形如律下文，醫所教服藥，故知是犯。如施一食過受上犯，豈況過

四月受……已是汝……

犯根本事四酥草等三吉羅非時藥時又療患義後受義[illegible]
過受蘇油犯輕七受蘇油何以便重 答據身外塗足燈然既是外用過受義希故彼
犯輕 七施內資過受義數故得提罪 又善論若檀越四月与由素蘇吉羅故知素油
藥罪輕過便受重 所以尒者 解云施主先有好心四月与藥期限已定滿供養意心
息過受義招損敗處深又復乘前供養人意過受故過受重 藥素藥
者以其居士先心无施心乞任彼量損惱義微又以施主先无心故乞希故輕与衰
不同衣資義寬与乞過受二俱是數故希犯提罪律云不犯者如前戒本四緣
是 觀軍陳戒第卅八 制意者凡軍陳凶險兵刃交質實則須敗微尒
戲便令心蕩逸招譏損道德深過極交遠悳逸故不聽觀 別緣有四一是軍陳二發往
觀三无因緣謂被請及軍陳後至水陸險難等不犯故四往見便犯 已下正明戒本七戒曰
六群觀陳彼斯逸見心甚不悅仏便制戒 若比丘往觀軍陳除時因緣波逸提
此滿足戒本中文有四句一犯人二觀陳三開緣四結罪 并相中初句可知 二言軍陳者於中有三
一釋名車幕屯聚稱軍行列相對名陳 二𢑱數者律云軍有四種謂象馬車步等純雜
二種如律廣說都有廿六軍 三并相者祇云象力最大四人從之成象軍 馬力次弱八人從之
成一馬軍 車軍次弱十六人從成一車軍 卅二人帶仗成一步軍 所言陳者行列相對或方
或圓或半形或張甄或咸陳等若戲若鬪戰 三言除是因緣者律云若自有事須往
若彼請喚乃至勢力將去及餘種種不自在緣 四言波逸提者是遠犯結罪句 彼律云比丘往觀
軍陳從道至道從道至非道乃至從下至高 去若見者犯提不見者吉羅若方便莊嚴欲
觀[illegible]

若從[illegible]
軍陣從道至道從道至非道乃至從下至高亦吉若見者犯提不見者吉羅若方便往觀欲
觀而不去吉者若比丘先在道行軍陣後至應避下道若不避者吉乃至下戒亦尒若見犯提不
見吉羅 祇云若逢軍不作意見者无犯若意作舉頭窺望見提若天王出作意看者越
乃至看畜生鬪及看人諍口皆越 十誦无牽觀故雖觀不犯如前說 有緣至軍過限
宿戒第卌九 別緣有五 一有因緣至軍中宿 二過二宿 三第三宿不離見聞處 四无因
緣 謂二道斷令梵雜不去无罪 五過三宿明相出犯 已下正明戒本 此戒因六群有緣至軍中宿
居士譏嫌比丘奉過仏制戒 若比丘有因緣聽至軍中二宿三宿過者波逸提 此滿足戒
本文有三句 一犯人 二開緣 三違犯罪 初句可知 二言因有緣者 律云有喚及自事等緣 多論開往者
為沙門果故 長養仏法故 長信敬心故 又道俗相須成就仏法 聽往有益至三宿 三言過者波
逸提 是違犯結罪 律云若至第三宿明相未出應離見聞處 若不離明相出犯提 見聞處不離
犯吉 若第四夜往處初夜即犯 不待明相 律云不犯者得二宿至第三宿明相未出離見聞處
若水陸道斷 惡獸等難 並不犯 有緣至軍二宿往觀軍陣合戰戒第五十
過不異 前既有因緣聽至軍中宜應生住 復方便往觀 過同於初 故所以制 別緣有五 一先有
緣在軍中宿 二軍陣合戰 三方便往觀 四見便犯 已下正明戒本 此戒因六群有緣在軍觀
諸鬪力中有一人為箭所射 居士嫌 比丘白仏 因斯制戒 若比丘二宿三宿軍中住 或觀軍陣
鬪戰 若觀遊軍象馬力勢者波逸提 此滿足戒本文有五句 一犯人 二有緣先在軍中 三
或觀者 一心明觀業 四軍陣已下所觀之境 於中有四 一軍 二陣 三鬪戰 四勢力 五者結罪 并相中
句易可知 第二句如前戒所明 第三言觀軍陣者是觀業 第四言軍陣等者軍陣如[illegible]

相狀若戲鬪若真鬪言勢力者第一象力馬力車力步力等五言波逸提者是遠犯句輕
重不同若比丘往見者犯提不見犯吉餘如前戒不犯者若有請喚及勢力等難命梵之難
難不難不犯　飲酒戒第五十一　制意者酒爲毒水飲則成患令人志性昌狂廣興
諸惡妨脩廢業損道識招生之本寧容不禁是故聖制　別緣有三一是酒二無病三飲
即犯已下正明戒本也同娑伽陀比丘起過故制斯戒　若比丘飲酒者波逸提　具滿足戒
本文有三句一犯人二所飲之酒三飲而結犯罪　弃相中初句可知二言飲酒者於中有二初列五種
酒如律所明一木酒二糠米酒三餘米酒四大麥酒五餘法作酒者二就木酒偏舉科簡律云
木酒者有六一梨汁酒二閻浮菓酒三甘蔗酒四舍樓伽菓酒五蕤汁酒六蒲桃酒者雜
酒者若以蜜石蜜雜作乃至蒲桃酒亦如是三言波逸提者是結罪律云但使是酒乃至
草木作者無酒色香味若非酒而有酒色香味並不合飲若酒初和之飲皆犯提甜酢酒
食麴酒糟一切吉羅十云若飲僧酢酒糟醬若麴能醉人咽咽皆隨一一多酒酒想酒疑酒
想一切墮罪無酒有酒想疑皆吉莫非取壞犯謂前有方便又不得強勸酒前人若飲
勸者犯提不飲吉羅祇云一切果漿令人醉越若麴飲相和食者提　善見云若酒煑
藥故有酒香味犯吉無者得飲四分云娑伽陀爲師者不得以草木内酒中渧口五分以降龍
故得酒醉衣盋縱橫乃至仏說偈昔日仏今不能致若伏毒龍今不能降蝦蟆　多云誡
極重能作四逆除一破僧又能破諸戒律行而反能作衆作業故律重制　律云不犯者
若有病餘藥持不差以酒爲藥若酒塗瘡一切不犯五分云若先習酒人不酒者氣絕
欲死飲食不消聽嗅酒器若不差者以酒著麵粥中令食不差者以酒與飲漸漸斷之

若有病飲與[illegible]

欲死飲食不消聽噉酒器若不差者以酒着麨粥中令食不差者以酒与飲漸漸斷之

水中嬉戲戒第五十二　多論四義故制一仏法尊重理宜表敬令入水遊戲損壞非輕

二理宜威儀庠序外長信敬入水遊戲動越威儀招世譏過三宜息緣道入水遊戲

妨廢正業四宜脩正念入水遊戲諠令心散乱失正念是以聖制　別緣有三一是水二有緣

三戲即犯　此戒因十七群河中遊戲波斯匿王遥見譏嫌仏便制　若比丘水中嬉戲者

波逸提　戒本有三句一犯二水戲三結罪　弁相中初句可知二言水中戲者律云放意自恣

從此至彼逆流順流此沒彼出手畫水相潑乃至以鉢盛水戲弄者三言波逸提者遠犯名

律云比丘尼如上所戲悉犯提罪除水已若酪漿若酒麦汁器中弄戲皆犯吉羅　祇云水陸平淺

讚越俱水中者提　五分搏雪及草頭露弄吉者伽云乃至水滴地亦吉大雲経說王見遊

戲說偈夫人言吾聞諸比丘久也已離塵羅戲慕泥水中云何為人時諸比丘遊戲已又入

定知心遙以神力膺行而去夫人見而向王說偈毒家諸比丘久以離塵羅沙弥尚如是

何況釋迦師王因生信　律云不犯者若道行渡水或水中牽材木捋順流上下若失物沉

入水底此沒彼出或出或從此岸渡至彼岸或學知浮法而擢臂水中潛水者一切不犯

擊攊戒比丘戒第五十三　事雖是輕過容至重人善為特宜須禁故所以制

別緣有五一大比丘二作惱乱意三手腳十指四无緣若眠觸令覺行來設觸等不犯故五觸

著即犯　此戒因六群比丘中一人擊攊七十群中一人乃至命終比丘舉過仏便可制

戒　若比丘以指擊攊者波逸提　戒本三句一犯人二擊攊三結罪　弁相

中初句可知二言以指擊攊者律云若手腳十指三言波逸提是昔支已罪名四分

以手時相擊攊一切提罪私云以指除手時已若杖若杖石及戶鑰所餘一切物
擊攊者吉指指五提乃至善會以指某甲去者多提　五分云若擊攊
沙弥乃至畜生多吉　律云不犯者若不故作若睡觸令覺若出入行來若掃地誤
觸並不犯
不受諫戒第五十四　制意者出家之人理宜離惡為宗然已
迷情將欲作過他以理諫復不從順苟且為非違損重故須聖制　別緣有五一已所作非
法事二知他法設諫三知已所作非前人諫者是四拒諫不受五隨所作犯根本不從語波
逸提　已下正明戒本此戒因闡陀闡陀犯戒餘比丘諫言莫作此意不應介不從他諫即犯
諫諸罪比丘白佛佛呵制戒　若比丘不受諫者波逸提　此戒文有三句一犯人二不受
諫三結罪　并相中初句可知　二言不受諫者自知作非他勸莫作拒而不從故曰不受諫
三言波逸提者是違犯罪釋云但使知已為非前諫者是故違情重是以得提　若已
所作是前諫者非過輕微故得吉罪隨所作事邊過識事故作不知得脫猶犯
根本罪此違一人諫不隨前事結罪輕但能心并虛故罪重心實故輕文中先結心實
之吉次結心虛提是以律云若他諫言莫作此事然故犯根本不從語吉若自知所作非然
故作犯根本不從提　多論云欲作前不受諫犯吉後作以根本外別得提罪　問違
僧諫中諫責即犯不諫作事此中所以諫責未犯要待作事　此戒既是一人設諫无有僧
命衆法可違是以諫責未犯要待作事違諫義成是以不類　若介不拒勸學戒亦
是人所諫而无衆命可違何以諫責即犯与此相違　答彼諫止犯先是不犯學已犯之人救
言拒諫道已不學即是已犯表已成故所以犯此諫作犯雖言拒諫道我作者仍猶未作違
……諫戒……作一頭　集云不犯者前人无智報言可問汝師乃至知諫

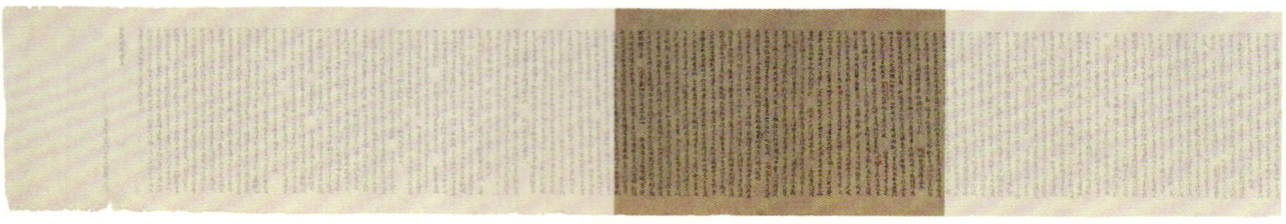

是一人所諫而无犯……
言拒諫道已不學即是已犯表已成故所以犯此諫作犯難言拒諫道戒作者仍猶未作遠
未能要待作事遠諫義成名非一類 律云不犯者前人无智報言可向汝師乃至知諫
法者若諫當用若戲語獨語夢語錯說等一切不犯 恐怖比丘戒第五十五
制意者凡出家之人宜須恃謙不相惱觸今以六塵等事遶相恐怖令彼惶悸廢
脩道業事惱殊深故須制斷 別緣有五一大比丘二作恐怖意三以六塵等事一々說示四言
辭々々五言前人見聞觸知便犯 已下正明戒本 此戒因那迦波羅又被拘執來恐怖仏
令還入房化便可責制戒本 若比丘恐怖他比丘者波逸提 此滿足戒本文有三句一犯
人二恐怖三結罪 并相中初句可知二言恐怖者律明恐業先列後釋一言列名彼以色
聲香味觸法六事一々示之言色恐怖者或作鳥形乃至鬼及獸形是如以色恐怖
前人言聲恐怖或貝聲鳥聲等以如是聲恐怖人前乃至以法恐怖語前人我見
如是相汝當死若失衣鉢及汝和尚亦汝父母得病若死等以此法恐怖者三言波逸提
是者遠犯句律云若以六事隨一々事是令彼見聞等若恐怖若不恐怖一々皆得提罪若不了前人不
等知一々吉羅 律云不犯者或闇地坐无燈火或大小便處逆見謂言惡獸乃至行聲味聲
聞聲而恐怖者或以色等示人不作恐怖意或若實有是見夢當死失衣乃至父母
重病若死語彼令知及誤一切不犯 過半月洗浴戒第五十六 十律云洗浴有
五利一除垢穢二清身淨三除身中寒冷病四除風五得安隱故溫室經除七病故凡身
多不淨事須澡除但耽著過常令身光澤翫著色身无心厭背正遠出離
故須限約半月一洗若過即犯 別緣有五一是比丘二洗浴二未滿半月三更先浴四无因緣

去洗身半犯。二、已下正明戒本。[illegible]王聞諸比丘在彼園池中[illegible]
王与婇女詣池相值，王竟不浴。大臣嫌恚，比丘白佛，佛呵制戒。若比丘半月洗浴，
无病比丘應受，不得過，除餘時，波逸提。餘時者，熱時、病時、作時、風時、雨時、道行時，此是時。
此滿足戒本文有四句：一犯人，二明半月，三洗不得過，三除開緣，四結罪。餘時者下誦前第
三句，并相中初可知。二、言半月洗浴者，明半月一浴，不得過半月洗，謂於半月內不得再
洗，故曰不得過。祇云應隨浴日數要滿十五日乃應更洗。三、言除餘時者，明開緣。言除
熱時，律云春後卌五日、夏初一月是熱時。天竺熱早，從三月初至五月十五日，此兩月半聽洗
无罪，隨國土早晚熱用此限洗。又此兩月半時日滿便足，是名熱時。言病時者，四分云下至
身體臭穢，是謂病時。言作時者，下至掃屋前地，十去乃至掃僧房內地，五足，多云乏
六尺，五分乃至掃屋內地。言風雨時者，下至一旋風、一渧雨著身。言道行者，下至半由
旬，若來若往者是。四、言波逸提者，是過洗結罪句。律云若過限洗，一遍洗身一
波逸提，若洗半身亦犯提。若方便欲洗不者，吉羅。五分云：若共白衣同室浴
身，偷蘭。多云：露地不應浴。若在室中，知白衣善而无口過者，聽共浴。比丘揩白衣
吉；若自揩不用他揩者善。要若僧祇文，一當有慚愧，二不生他疑，因謗羅漢身軟，有
凡見便起染，失根，乃至還悔得本男身。律云不犯者，如上六緣開，數洗不犯，及被力勢
所持強令者。

无事露地然火戒第五十七 制意者，凡火性焚燒，事實
无恒，容有燒壞，不可大禁。又復然火，聲眾多著俗語，廢循正業，是以聖制。別緣
有四：一是无因緣，艱去因緣不犯；二雖无因緣，若在覆鄣處，生惡義微，是不犯，故須第
三露地；三然草木等，艱去然失火，生過義微，但犯七罪；四燒便犯。此中但制无事然

无[illegible]有娛[illegible]不可[illegible]
有四一是无因緣飄去因緣不犯二雖无因緣若在覆鄣處生患義微亦是不犯故須第
二是露地三然草木等飄去然炎生過義微但犯七罪四燒便犯此中但制无事然
大罪不言壞地傷五生種罪上已制意見故不出此戒因六群露地大枯樹内有蛇得火氣出
遂發驚擲大燒佛講堂比丘舉過佛制斯戒
若故人然除時因緣波逸提　　若比丘无病自爲炙身故在露地然大
戒本三句一犯人二除病三爲己然火結犯　并相中初句可
知二言自爲己除病不用三言波逸提者是遠犯結罪故律云彼於露地若然草木枝葉
牛糞糠等一切然者皆犯提罪若以火置草木乃至糠糞中亦犯提罪五亦爲炙然火高
四指者墮多論若他已然後隨作何事皆墮祇云旋火作輪或火中有草大擲聚一切
墮若壞生三罪一壞生二然火三若在生地理有一墮被燒半燋擲火中者吉然炭火吉
不語前人知是看是吉律云不犯吉語前人知是看是若病人自然教人然有緣
看病者煮糜粥羹飯飲等在死屍及名弁餘物上作火用不犯若在廚屋中
浴室中若熏鉢煮染然燈一切无犯　　藏他衣鉢戒第五十八
制意者一調戲譏煩因事相惱藏他衣鉢負不時得令彼惶恐惱處悲輕二容生
盜心臨危事險可懼之甚三假无盜心致彼言謗清白雖久莫能自拔以斯諸過故須
聖制　別緣有四一是大比丘衣鉢等二作發驚動彼意三无因緣戒物堪藏及二
難等不犯四取藏舉便犯　此戒因六群十七群衣鉢等諸比丘白佛佛制斯戒
若比丘藏他比丘衣鉢坐具鍼筒若自藏若教人藏下至戲笑者波逸提　律論
是[illegible]三句一[illegible]三[illegible]藏[illegible]三句也藏[illegible]中三句可知[illegible]上至[illegible]也下至

戲笑皆犯提罪故云戲笑也犯者三故惱多云若五大色衣及下淨衣吉羅并重金
鉢衣鉢不作淨畜者皆墮律云不犯者若實知彼人物相歉若在露地風雨漂漬舉
之若物主為性慢藏衣物狼藉為誡勅之若借他而彼杖鉢若因此衣鉢有命
梵等故藏一切不犯
真實淨施不問主取戒第五十九　制意者凡淨施
之法為去存著之情遠同大行事既付取彼用之時一須諮白輙取理違聖教又復前人
既不見物謂成失奪集惱他不輕是故聖制　釋名者捨與前人不虛稱為真實此
物不復染心名為淨施故曰真實淨施輙取戒　別緣有四一是己物二作真淨施法三不語主令
知四取用便犯　此戒因六群真施親厚衣比丘已後輙取比丘白佛制戒
若比丘與比丘比丘尼式叉摩那沙彌沙彌尼衣還取著者波逸提　此滿足戒本文有三
句犯人二作淨施法三輙取結犯罪　弁相中初句可知二言與衣者律云淨施有二真
實二展轉衣二展轉者長衣戒說三言波逸提者是輙取違犯句故律云若作真實
淨施應問主然後取著不示者犯提　然此淨主又通五衆人解不定又說此是同
戒通僧尼二衆合說豈有比丘從尼取衣也名對同類僧二尼三作法又說依文通五衆
為主任比所樂　問沙彌邊作法淨受已云何答若稱无歲比丘　問幾物應說淨答
謂衣藥實等　問衣物尺量如何答衣尺六八寸故律云長如來八指廣四指是若五及金
減並悉不說无罪鉢量可知藥无其量謂取七日如口法者餘非也實无多少但金
錢　問幾種人佛心念說淨答十律佛五種人作七種心念法律云不犯者若真實語
施主取展轉者隨意取
白色衣戒第六十　制意者凡壞色衣道眼標式
……著非是少欲道長之源由長貪著外招譏嫌過

錢尼易穀米八分說淨若十錢一種八十種八分說淨……

施主取屢轉者隨意取　白色衣戒第六十　制意者凡壞色衣道眼標式

內違着情外長信敬今不染畜著非是沙門道眼之標內長貪著外招譏損過

是不輕故須聖制　別緣有四一是三衣二是己物三不染壞四着便犯　此戒因六群着白色衣

居士譏嫌比丘似白衣所以呵制戒　若比丘得新衣應三種壞色一一色中隨意壞若青

若黑若木蘭若比丘不以三種壞色若青若黑若木蘭著餘衣者波逸提

滿足戒本文有三句一犯人二得新衣已下教染壞法三若比丘已下不壞故違聖教畜

著結罪并相中初句可知二言得新衣應三種壞者律云新衣者若新若物從人

得俱名新衣十誦云得他故者初得名新衣三言三種壞色者青黑木蘭三言不

以三色壞著新衣波逸提者是違返聖教結罪句律云彼得衣不作三種壞色著

者隨著重衣若輕衣不作淨而畜者吉羅若非衣鉢囊及諸巾不作淨畜者

吉羅謂點色作色淨一切緣身所受用物皆須作淨而畜若未染衣寄白衣家

者吉羅准此言淨者謂以成色衣或餘物以點著名淨而並須染壞非獨三衣須染

餘者但淨而已若准律文一切不染皆提一切不淨皆吉五分所以作淨者異外道故令與

俗別作三種犯故失則易負多論云大色衣不成受若應量不應量一切不得著

若點著者吉羅此律犯墮要三色相現成壞色者畜无罪結色悉犯祇云純色不

點壞提著白色衣輕點淨者不得並作或一三五七九為點極大齊四指極小如豌豆善見

如麻子大若作四分若白色衣提不點犯輕三色之中以一一色壞則成沙門衣重衣不作

淨吉不得如此衣作究數有足手烏足手爪名為淨若新大衣趣一角作乃至一切衣

新細褋岳亦若衆多破衣一處合補者一處作點者一一作淨　律云不犯者若得白

衣染作三種色餘輕重乃至內作淨者不犯

四分戒疏卷第三

壬子年三月廿八日於沙州壽永寺寫

勘了

BD01062 四分律戒本疏卷三

沙門慧 述

BD01062v 糧油歷（擬）

318.5cm × 32cm

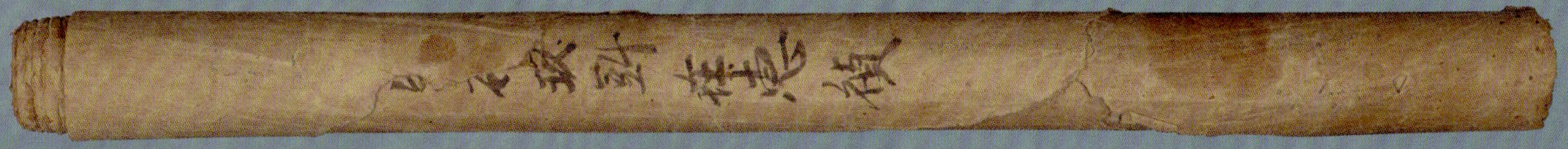

[illegible]
不傳欲法[illegible]
親友知識於僧塔廟作天[illegible]
期意者男女形殊理无[illegible]
是故聖制 別緣有五 一是人女 二相成就 三[illegible]
二律局取人女 簡餘女 簡異男等 但是人女
六十二律通三趣女 謂祇中云 母女婦妹大小道俗咸是 於[illegible]
驢馬牛羊 若外 若五等 鵰鷹孔雀鵝等 若一切 主頭置頂 即名[illegible]
猫子處 宿亦犯 四 知非六同宿者 但知宿即犯 不同二行 要須若期方犯 五[illegible]
若有知覺 自伴不卧 皆不犯 法律下開 自病不犯 對法病開亦應 五緣 已下[illegible]
律行路至一姪舍宿 被女繞尊者 具在虛空中 彼慙愧懺悔 說法得道 比丘[illegible]
若比丘與女人同室宿者 波逸提
此滿足戒本文有四句 一犯人 二女人 三同室宿 四結[illegible]戒
犯 初句可知 第二言與女人者 律云人女有知 命根不斷 三言室宿者 室有四種 一四周障上有
覆 即同在一堂內中有隔者 唯諦不合 二前敞无壁 即長行房檐下兩頭有障 三雖覆
而不遍 即周院一門 上通覆 開中央 四雖覆 而有開處 謂通覆障 上少開明 此言宿
者 去等四室 比丘與女人同宿 或女人多 至或比丘多 至或二人俱至 若並臥 隨脅轉一一者已

四言乃至趣者犯是句於中有二若与女人同宿室隨轉側一一犯提若与非人畜生若人黃
門二根人同宿吉羅若比丘晝日卧女人立者吉羅女人若坐犯屏障多少善見論若都集
堂同郭内設使堂中有諸小房房雖各別以堂同故猶是一房若多房共一房戶犯乃至
由一戶出入皆犯十誦若在室中通夜坐者不犯必應多共處有明不睡者祇云一房
別戶有隔无犯若大會通夜説法遇地風雨寒雪欲入房内應端直坐若老病不
不能坐者當施隔不得用疏物高齊肩膊下至地不得容猫兒過若无隔者女人信可應
語女人言汝先眠我坐竟欲眠語令起我欲眠汝莫眠若眠者汝无福德多論与十女宿得
十墮各下轉得十墮若白衣舍与女人並房不閉戶吉羅不犯中律云若先不知室内有女
宿若先戒室想若坐若行若病若為强力所捉若為人所縛若命梵若並留无犯
與未受具戒人同室宿過限戒第五　一制意者凡道俗路乖情事相反始習未閑事多相
撓近則生謗亂道廢業故宜別處存道益故為是須制然出家之人栖心无定事有遊行投
人止宿存形濟命又沙弥離俗馮蔭在此處无所投事須眷接是以開聽限期二宿然禁則防
其過開則通其益開制之宜理所應然　二別緣具五一未受具人男子閹去女人以俗不類与
女人同室本不開一夜何有過三三各故如論云二夜共沙弥宿第三夜共人宿得二提罪二室相
成犯三共同室四知同室五隨過三夜犯提　已下正明戒本牒戒文三初句明制二牒制隨開二夜三三夜後

女人同室本下開二夜何有過三〻各故加諦云以二夜共沙弥宿第三夜共人宿得一提罪一室相
成就三共同室四知同室五隨過三夜犯提 已下正明戒本法戒文三初句略制二牒制隨開二夜三夜後
廣制言略制者因六群共長者同室宿中有比丘亂心睡眠形露為彼調棄仏制不聽共宿
言牒隨開者次因羅云開聽二三〻問仏既不聽与未具人宿驅出羅云應順教何以呵言癡人无
慈不護我意答夫為弟子有事〻時理須咨啓仏因事開輙不驅出末子之儀无慈之
甚是以仏呵癡人无慈親是仏子尚不慈念豈况餘人寧有慈愍五分仏呵癡人云何野
于驅逐師子讚嘆持戒因聽共未受具人二宿言第三廣制者下所弁是
若比丘与未受具戒人共宿過二宿至三宿波逸提
此滿足戒本文有四句一犯人二未受具人
三共宿過限四結罪初句可知二言未受具人者除比丘比丘尼餘未受大戒人是三言共宿者律
云室宿有四種如前所明於中四句善別一人一室界二室一人界三人室俱界四人室俱界若
並是共宿中攝言過二宿至三宿者是開限律云共宿至三夜明相未出應起避去若至第
四宿若自去若使彼去若不避明相似應明想出至第四日旦即犯一提若避明相旦時未犯於
第四夜隨倒宿轉〻提罪今戒本中直對不避明相違法邊而結故言過二宿至三宿提若避
明相過三未犯第四夜祇若三夜犯竟未懺悔无二夜開隨宿〻結罪若懺竟見得二夜十誦若通
夜坐若病得与沙弥過宿病人卧者開餘不病比丘不應卧四言波逸提者是犯名毋論云若
三宿三夜人出在在去處者不應卧坐至明日見若至第四宿又无去處開相欲現時若自

去若遣彼去若不去者皆犯提罪若与非人畜生等共過三宿一切吉羅餘不犯緣並同前
戒　共未受具人同誦戒第六　制意多論四種義故仏制此戒一為異外道故二為師
与弟子位別故三為分別言語多少故四為依實義不貴音聲故　別緣有五一是仏所說法
二字句味三未具人四齊同誦五言說了了便犯　已下明戒本此戒因六群比丘与諸長者在講堂高
聲同誦経語惱乱坐禪比丘仏便制戒　若比丘與未受具戒人同誦者波逸提
此滿足戒本文有四句一犯人二未受具人三同誦四結罪前二句可知三言同誦法者誦謂名文采
前不後同時而誦或抄前抄後二誦皆名同誦所言法者仏所說聲聞所說仙人所說諸天
所說皆是正法所言波逸提者是違犯罪故律云若聲聞弟子及餘人等說為仏印可者
即名為法此法若抄前抄後而說皆犯提罪故律云共誦者謂誦句義味字義非句
義而字言句義者二人齊誦聲同句表三行理同名為句義犯提十誦云齊聲句異
吉羅言非句義者前人說諸惡莫作未竟後人抄前言諸惡莫作者使前人言教表正行
不圓故曰非句義亦犯提罪以句同聲相接故言句味者句表无常理周有資神之益名
曰句味抄奪前言表不周无資神之用故曰非句義言字義者齊同誦表名體理圓名
為字義抄奪前言名體不圓故曰非字義見論一切律藏阿毗曇脩多羅是仏所說後
五百羅漢結集此法同誦悉犯提罪十誦隨一品一章一段各得提罪若自以己意撰集文字乃至

五百羅漢結集此法同誦恐犯提罪十誦隨一品一章互説各言指授若自以己意
俗書非仏所説故无罪不犯中律云應六言義説責他説若一人誦竟一人書若二人同業
同誦若錯説彼此皆不犯　向未受具人説他麁罪戒第七　制意者出家僧
衆理宜清顯善名外彰生人信敬以比丘麁惡之事向俗人談前人知之於彼僧寶情
生薄淺失其敬信崇重之意損壞處深故須聖制　別緣有七一是比丘及尼二犯初篇
罪三知犯麁罪四无僧法御五向未受具人説六言辭了了七前人領知　已下正明戒本此戒具三
群比丘向白衣説犯僧殘比丘過彼犯者鬪諍乃歎餘比丘白仏仏便制戒　若比丘知他比
丘犯麁惡罪向未受大戒人説除僧羯磨波逸提　此滿足戒本文有五句一犯人二
知麁罪三向未受人説四除僧羯磨五結罪初句可知第二句言知他犯麁者律云犯初二
兩篇名爲麁惡罪第三句言向未受戒人説者律云除比丘比丘尼餘人是第四句言除僧羯
磨者是開限第五句言波逸提者是違犯罪故多諍論害破塔壞僧不説他麁罪若破
塔其罪有限説他麁罪破壞法身罪同五逆故律云不問前人有罪无罪衆僧不
作羯磨向一人説一一皆墮五衆尼白衣説僧殘亦小小罪過皆墮僧祇若人問言某甲
比丘犯婬飲酒若云彼白者知降上二篇説餘罪一一犯吉又若説種名字若種姓若
衣服若房舍若相貌皆犯提罪説下三篇得吉若自説麁罪亦犯吉羅不犯者若不
知若僧差若非惡心若白衣先已聞者不犯下有十罪
實得道向未受具人説戒第八

論云二義故制一為是大人法故理宜以德覆蔽諸惡豈露今自談德行陰匿罪過非
大人之法二自顯聖德則賢愚有異前人歸之偏心專敬失於平等淨善之心是故
聖制　別緣有五一內有實證二增上慢人境虛不犯三自言已有四向未受具人說五
言辭了了五前人領知然後此戒不別有緣舉大妄語中戒有實得者以制斯戒此聖
人制竟不復更犯謂制聖遮凡
若比丘向未受戒人說過人法　言我見是我
知是實者波逸提　此戒文有四句一人二前境三說已所得四結罪　言若比丘者義如上解
言未受具戒者除比丘尼餘人是　言過人法者是聖所證法是　言波逸提者是墮犯罪故
十律云比丘實是四果四向或得四禪四空或成就慈悲喜捨不淨阿那等說者皆犯提
罪或見實諸天龍鬼來至我所說者多提　問說已得罪別義提所以現通但有吉羅　答若口
論說義通凡聖事肅虛實則過重實則德發故別義提神通聖能更无有濫但
得吉羅　問義境所對該七衆犯實除二具現神足者皆二俱犯所以不同　答減擾過有增微
故此階降然後此戒不別有緣舉大妄語中　制意者
與女人說法過五六語戒第九
凡說法生善事須應時不請而說理无纏授本无信敬情壞奢慢睽因斯次致興過非不
免世呵又女人形昇福緣難遇若全不說无由生善於法長隔永淪苦海故復聽說齊
五六語過則制犯　別緣有六一是女人二知是女人三不請四无有智俗人男子五言辭了了六

五六語過則制犯。別緣有六：一是女人，二知是女人，三不請，四无有智俗人男子，五言辭了了，六
過五六語便犯。已下正明戒本。法戒可迦留陁夷在姑前與兒婦耳語說法便起譏謗
佛便制斷。後可請說，故聽齊五六語及有智男子證，開過限說。
若比丘與女人說法
過五六語，除有智男子，波逸提。　法滿足戒本文有七句：一犯人，二所為女人，三說過限，四
除開，五結罪。初二兩句可知。三言說法過五六語者，法者謂是如來親所宣說及諸天等所
說，亦名為法。言過五六語者，五謂五蘊，色是无常，受想行識亦復无我；六謂六根，言眼
是无常，乃至意亦无常。謂五至六，過六至七，故名過五六語。四言除有智男子者，是開緣。
律云：智男子者，知麁惡不麁事。多論：解人情語，可作證明，故名有智男子。中邊不同
者不聽，必須俗人，出家不得，以事同故。若盲若聾亦名二當一人，若眼亦名无人，若減七歲
若過不解好惡義味，亦名无人。知男子文上可是。五言波逸提者，是遠犯罪。律云：若已外說
贊相接不斷，一罪；若句句斷絕，說句句提罪。五分：為說五六意，從坐起去，更有因緣還坐
為說，不犯。若五六語竟，為後女人說，如是相因无量女人，亦說不犯。及上即犯。若雜句不了了，犯吉。
若向非人畜生說，亦吉。不犯者，律云：若依限說，若知男子前過說，若无男子，請應廣說。
若受五戒，說五戒法；受八關齋法，乃至女人聰明，轉生疑問，隨問廣說，皆得无犯。
掘地戒第十　多論三種益故不聽掘地：壞生，一不惱害眾生故，出家循道，宜慈物命；二
為非謗故；三為大護佛法故。若佛不制此戒者，國王大臣毀使出家，由佛制故，王臣息心不復更

使浸令静緣衛道義者轉惑是名大讒　別緣有五一是生地二作生地想三自掘四使人掘
時不作知淨語五隨傷便犯已下正明戒本卅戒因六群為修治講堂故自掘地土居譏嫌比丘
舉過仏為制戒　若比丘自手掘地若教人掘者波逸提　此滿足戒本文有三節一自掘
故略制二教人掘時不行知淨前制非圓更復續結三滿足戒本文有五句一犯人二自作業三所傷
地四教人業五結罪初可知第二言手掘者律云若用鋤钁或椎打刀刺指搯析傷第
三言掘地者律云若已掘地已掘者經四月被雨漬還如本見於生地无有砂石瓦礫純土是
名生地若四分一分土亦非生地自掘无過祇云地有二種一生二作生生者大地作者有二基
作者露地壁二上作者重閣上露土是皆名所傷之地第四言若教掘者律云若不教言
看是知是犯緣第五言波逸提者是遠犯罪律云若比丘如上所說傷之地若以用鋤钁
乃至指搯損傷及地上燃火但使地作地想一切皆墮若使掘時不教看是知是犯吉羅　祇云
若轉石掃地駈牛欲使地平覓傷如蚊脚一切皆提土塊一人不勝破者犯提畫地作字亦
提若大小便時水手磨地犯墮若執器物木塼瓦等在露地經雨已已不得自取犯提若純砂无
羅半砂得吉多論使僧尼掘地作知淨語提教下三眾淨人掘不作知淨語吉若三眾不
為三寶利益因緣自壞土木者土吉羅木亦云蘭若无淨人聽比丘以水澆地塼木草布上踐使成
泥取用祇云覆處地得自掘不犯者律云若語言知是看是若曳木材若扶籬正若反塼石取

泥耳伴祇云覆處地濕自掘不犯者律云若誤言知是看是若曳木杖若扶籬正若反塼石耳
牛屎取崩岸地若鼠壞土除經行處土及屋內土若來往掃地不作故掘意一切不犯

壞生種戒第十一　制意如上犯緣亦同去戒不別有緣準前房戒緣中比丘自斫樹以為
緣起　若比丘壞鬼神村者波逸提　去滿足戒本文有五句一犯人二壞業三鬼神四所
壞之境五結犯初句可知二言壞者律云若斫若截若墮若破並名為壞三言鬼神者
律云非人是也四言村者一切草木是鬼神所依名村十云村者蚊蝱蛺蝶蟻子諸虫以之為舍
律云村有五種一謂根種二謂枝種三謂節種四謂覆羅種五子種生種雖有五種合則是三第一
種根生二種枝生三種子生又根種分為三不假節生作根種之名根中假節生者作覆羅種之又
枝種亦二枝中不假節生者作枝種之名假節生者作節生之曰子之種中昔體五一始終差
別雜戒有五合即是三此等皆名所傷之境五言波逸提者遠犯罪句故律云若比丘生
種謂地離地以刀乃至餘物壞者名壞村而得提罪祇云掘地壞草覓果已者一提若中間息一一
提也又曰自壞地壞俱墮若打栰著生草樹上若以火燒著墮者多少生草木者墮壞半乾半
生吉若不言知是看是吉名曰明淨生種法祇云根莖種以刀中破淨節種以刀破又摘却牙
自淨心種者謂羅勒蓊葇等柔𦶜淨子種者十七種穀脫皮火淨通五種又五果中棗核種如
柰杏之屬爪甲淨去核合食火淨合食火淨者謂生熟二果合核膚果種者火淨合食如
㮈鉢柰椹梨李之屬若熟時落地傷如鼓却者名瘡爭去口子合食穀裏種者火淨

椰子胡桃石榴之屬，糟裹種者，香菜蘿菔之屬，未有子大淨，角裹種者，淨法如
檜裹法，大小豆等也。准此篇中含子之草，應得大淨，但令相著即得淨法，尒故律云
若以生種擲著地、井水中、大小便中、糞掃中，吉；若誤犯，提。若草中行欲令死，吉；傷如
蚊腳，提。向打杙樹上，隨打多少，一一提罪。煞畜何不墮所得提，要待斷命耶？答：草木有多生相，
故隨壞處皆墮，一分生不起，是以隨壞得罪。畜生報者，一假名命，要斷方犯。律云不犯者，若
言看是知是。若斷乾枯草木，若於生草木上曳材曳竹、正籬障，若撥塼石，若取
牛屎，若生草覆道，以杖披遠令開，若以瓦石拄之而斷傷草木，若除經行地土，若
掃經行地，若以杖築地而誤撥生草木斷者，並皆不犯。

異語惱僧戒第十三

制意者，凡身口業倚傲而難制，過不至重，惱眾非輕，事須眾僧作法呵制，仍作不止，
違法惱僧，其過不淺，故隨得罪。別緣有五：一身口業，二數惱業不止，三作白呵制，四僧如法喚問，
五更作便犯。已下正明戒本。此戒未作制前，未有僧命眾法可違，但犯小愆；制後違者
方犯提罪。口業〔五〕語妄毀兩舌惱壞事重，直作即提；此之緣者，事似輕微，惱眾不少，
故制方犯提。如闡陀比丘犯罪，餘比丘問，以別事答，仏便呵，以作餘語白；後便惱僧，喚來不
來乃至不應語，又仏呵已，作觸惱白，因此制戒。

若比丘妄作異語惱他者，波逸提。

此戒文有三節：初略制，次隨結，後滿足制。持此滿足戒本，句有三：一犯人，二惱憋業，三結罪。

□文有三初明制意次顯結戒滿足制持此滿足戒本句有三一犯人二惱業三結罪
初句可知二言妄作餘語惱他者於中分二初僧未白前妄作餘語者律云餘語者何
誰說為說何事為論何理為我說為餘人說我不見此罪如是語者犯吉若僧白已
如是語犯者提二擾他者如律中說僧喚來不來乃至不應而語未作白前如是惱者得吉
羅若白已作者犯提三言波逸提者是遠犯之罪律云如上惱僧者一一犯提若上坐喚來
不來吉羅不犯者重聽不解前語有稀錯便言此句說誰為論何事乃至我不見
此罪若欲作非法無利羯磨不與和合喚來不來不犯若為作非法羯磨若欲教言莫
來便來不犯若一坐食若不作餘食法食若病喚起不起不犯若命難梵行難教起
便起不犯若遇心悶不與說若作非法事便語者若小語錯悞一切不犯又見云果成鬪僧
默然者得

嫌罵戒第十三　制意者凡僧務廣處處易故簡倫德之如法斛
理宜應讚嘆令彼勸營反壞恚忿發言嫌罵令彼生惱廢營僧事損壞不輕
是故須制次釋名者見而不聞處說有愛恚名嫌聞不見處名罵雖前後二結同
㨂知事合為一戒次弁具緣通如上別緣有六一是羯磨所差二知是所差人三如法經營
無愛恚等四說嫌語五言詞了了六前人見而不聞聞而不見便犯闕緣比說可知已下正明戒
本此戒因慈地比丘於沓婆比丘所有根故青眼見處譏嫌餘比丘白佛佛便呵制戒後又
於聞處罵以事白佛佛重制此戒文聿六句略分為二初
若比丘嫌罵者波

逆提。

一此滿足戒本文有三句：一犯人，二罵等，三結犯。初句可知。二言嫌罵者，律云

嫌者，面見不可處誹言有愛有恚有怖有癡等，是言罵者，背面可見不見處而說

罵。三言波逸提者，是遠犯罪。問：此罵戒何別？答：前非知事人，此是知事

人。又前戒實不實犯，此戒無實不犯。廣律云：若虛嫌罵者，隨罵一一墮；若不受上坐

教，嫌罵者，律云不犯者，實有其事，恐後悔，恨語令如法發露，便言有愛

恚等，若戲、若錯說者，並皆不犯。

露處敷僧卧具戒第十四

制意者，多論云：三義故制戒：一、卧具四方僧物，是篤信檀越所施，供僧受用，利益

事廣，理宜守護，資身行道，得安樂故；二、既是施主之物，詳心受，皆常

存受用，為令增長信敬之心；三、用盼收舉，使僧物不壞，令受功德，及資施主

善根成就，故為非主盡是以聖制。別有六：一、四方僧卧具，二、知是僧物，三、露處，

四、自敷使人敷，五、已受用去時不自舉、不教人舉，六、出門便犯。十古出門卅九步，秘廿

五時乃犯。已下正明戒本。此戒因六群比丘敷僧坐具，妄去不收，風塵所汗，佛便制

戒。

若比丘取僧繩牀、木牀，若卧具、坐褥，露地敷，若教人敷，捨去不自舉，波逸提。

此滿足戒本文有四句：一犯人，二是僧物，三露已下明受用，四捨去已下結不舉之罪。

一言若比丘者，義如上并。二言取僧物者，律云僧者謂四方現前，言物者，繩床有五種

[illegible]

二言若比丘者義如上釋。三言取僧物者，律云僧者謂四方現前。言物者，繩床有五種
脚：直脚、曲脚、入陛脚、無脚；木床亦有五種，如上所說。臥具或具，坐或用臥坐。蓐者，褥常
用坐。此等四種皆是僧物。三言露地敷：若敷、若教人敷，是其露地受用。四捨去不自舉
不教人舉。波逸提者是不舉之罪。律云：若比丘敷僧物已而不收舉，出寺時不
屬知事者，出門便犯墮；若方便還悔者吉羅。若二人同坐，下座收，不者犯二罪；上座
犯一提。若俱不收，二俱墮。故論云：上座與下座同一床座，下座謂上座收而上座不收，下座
犯提，及吉。上意謂下座當收，下座竟不收，上座犯提。二人不前不後俱不收，二俱得提。
若露敷僧物而入房思惟，吉。五分：見僧臥具在露地，以不自敷不使人敷故而不舉，亦
墮。對居寺敷居僧臥具不舉亦提。又俗人家會請僧臥具，食訖比丘不舉亦提。
祇云：若行路中收亂草坐已去時，聚已去。多云：露地敷已不屬人，游行諸房，吉。不
犯者，律云：若取僧物露地敷，去時語知事人令知；若無餘人，當舉着屏處；若無屏處，必
知不失，當持衣者覆。餘者上。若即還時便應。隨雨中疾及時還，應往彼處，莫作留(?)是
方便應去。若不來者，初出門即犯提罪。

屏處敷僧臥具戒第十五

制意同前。六緣成犯：一是僧物，二知是僧物，三是屏處，四爲己敷用，五去時不自
舉，六過限便犯。已下正明戒本。一遠戒曰：客比丘在邊房敷臥具，去時不語知

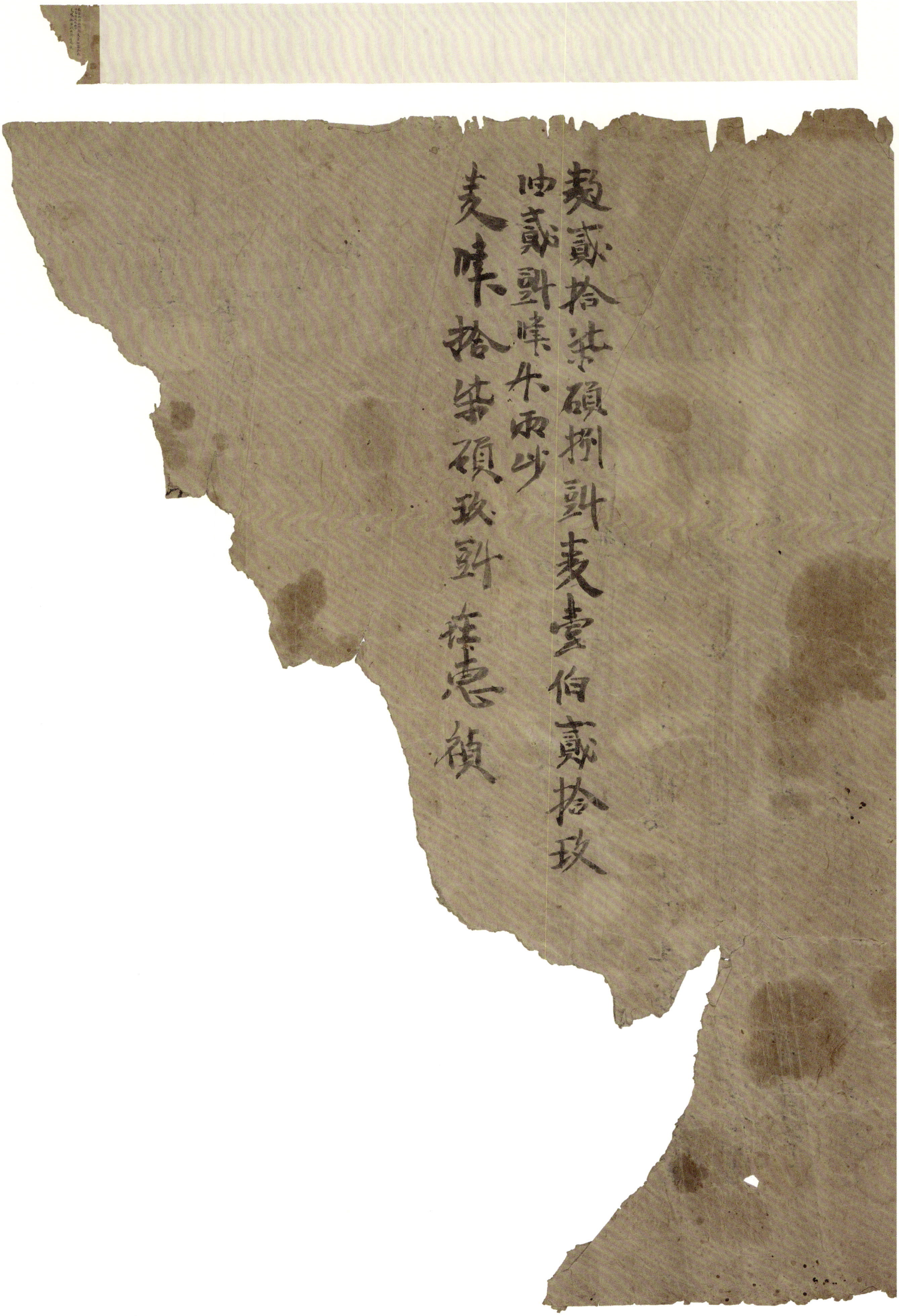
麩貳拾柒碩捌㪷 麥壹伯貳拾玖
油貳㪷陸升兩抄
麥陸拾柒碩玖㪷 [illegible]碩

BD01062v　糧油歷（擬）

圖書在版編目（CIP）數據

中國國家圖書館藏敦煌文獻．第七一册 / 中國國家圖書館編．—北京：國家圖書館出版社，2024.12

ISBN 978-7-5013-7993-4

Ⅰ．①中… Ⅱ．①中… Ⅲ．①敦煌學—文獻 Ⅳ．① K870.6

中國國家版本館 CIP 數據核字（2024）第 036744 號

書　　名　中國國家圖書館藏敦煌文獻・第七一册
著　　者　中國國家圖書館　編
項目統籌　魏　崇　殷夢霞
責任編輯　黄　鑫　程魯潔　潘　竹　苗文葉
責任校對　劉　倩

出版發行　國家圖書館出版社（北京市西城區文津街 7 號　100034）
　　　　　（原書目文獻出版社　北京圖書館出版社）
　　　　　010-66114536　63802249　nlcpress@nlc.cn（郵購）
網　　址　http://www.nlcpress.com
排版印裝　天津裕同印刷有限公司
版次印次　2024 年 12 月第 1 版　2024 年 12 月第 1 次印刷

開　　本　787×1092　1/8
印　　張　39
書　　號　ISBN 978-7-5013-7993-4
定　　價　2800.00 圓